田林（Edward Ti Anderson）◎著

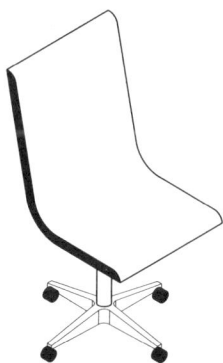

行动迁跃
人生赢家管理指南

浙江人民出版社

图书在版编目（CIP）数据

行动迁跃：人生赢家管理指南 / 田林著. —杭
州：浙江人民出版社，2020.10(2021.6 重印)
ISBN 978-7-213-09798-0

Ⅰ.①行… Ⅱ.①田… Ⅲ.①自我管理-通俗读
物 Ⅳ.①C912.1-49

中国版本图书馆 CIP 数据核字(2020)第 137891 号

行动迁跃：人生赢家管理指南

田 林 著

出版发行：浙江人民出版社(杭州市体育场路 347 号 邮编 310006)

　　　　市场部电话：(0571)85061682 85176516

责任编辑：陶辰悦 何英娇

营销编辑：陈雯怡 陈芊如

责任校对：戴文英

责任印务：刘彭年

封面设计：新艺书文化有限公司

电脑制版：北京九章文化有限公司

印　　刷：杭州丰源印刷有限公司

开　　本：710 毫米×1000 毫米　1/16　　印　　张：15.5

字　　数：183 千字　　　　　　　　　　插　　页：6

版　　次：2020 年 10 月第 1 版　　　　印　　次：2021 年 6 月第 3 次印刷

书　　号：ISBN 978-7-213-09798-0

定　　价：68.00 元

如发现印装质量问题，影响阅读，请与市场部联系调换。

本书赞誉

《行动迁跃：人生赢家管理指南》揭示了一个道理：经营生活就像经营企业，长期的成功绝非靠运气。

我们都知道努力地学习、工作和运动是困难的，人们一般会选择令自己当下愉悦的事项。作者首先从意识层面引起我们对人生赢家的向往，"意识就是力量（Awareness is power）"。只有我们意识到哪些是令自己感觉当下愉悦、未来痛苦的事项之时，才会着手去改变。紧接着，作者系统地梳理了方法论和个人管理工具，普通人通过这些方法和最佳实践有效地进行行动规划和行为控制，也能成为人生赢家。

无论当下我们位于人生坐标轴的哪个点，我们都有改变的机会。我最喜欢的一句话是：每一个夕阳都是一次重启的机会（Every sunset is an opportunity to reset），而这本书正是我心智成长的重启键，希望它也能给读者带来有价值的启发。

——猎聘网CFO　徐黎黎

《行动迁跃：人生赢家管理指南》涵盖了生活中大家非常关注的重要方面，比如，如何建立健康的生活方式，如何获得并维护良性的情感关系。作者用细腻流畅的文字，结合目前最新的研究成果，为读者打造了这本实用手册。大家可以直接运用书中的方法自己改善生活。

——荷兰皇家帝斯曼集团亚太区财务控制总监　时海璟

《行动迁跃：人生赢家管理指南》不仅告诉我们如何成为人生赢家，更重要的是，它介绍了许多可执行的方法。人生要有长远规划，就要平衡当下和未来。有了规划，也要努力行动。相信看完本书，你会对如何执行个人行动计划有更深刻的认识。

——众合天成智慧能源科技有限公司董事长　敖焱杰

2000多年前，在古希腊有很多讲故事的"智者派"，他们通过讲授诡辩术，甚至扭曲常识来获利谋生。在移动化、智能化的当下，"新智者派"卷土重来，他们贩卖焦虑、"心灵鸡汤"以及似是而非的道理……当你因"新智者派"生产的故事、情绪而焦虑时，本书可以帮助你看清问题本质、不断精进。

——耶鲁大学世界学者、德国柏林媒体设计学院顾问委员会委员　杜洋

本书通过介绍大脑科学、心理学、运动生理学的新知，将企业战略管理的原则和方法运用到生活当中。当你准备做出改变时，本书将带给你启发、技巧和策略，帮助你勇往直前。读后深觉相见恨晚，真希望自己在创业之初就能读到这本书。

——JALP创始合伙人　蔡军（Joe Cai）

社会分工的细化、信息的碎片化，常让我们深陷于生活的琐碎中，而忽略了对人生全局的通览。《行动迁跃：人生赢家管理指南》让我们在充满趣味的知识中重新审视自己的人生；让我们从行动坐标到圆桌模型，与作者一起且行且悟。

——康达律师事务所合伙人　周大海

经营生活，就像管理一家企业，长期的成功绝非靠运气。本书将出色的战略分析、管理工具从企业的应用场景当中抽离出来，运用到人的生活管理中的做法，视角新颖而且行之有效。本书不是"鸡汤"，它提供了独特的分析视角与实用的方法，在健康、财富、情感、心智发展等方面助你成为人生赢家。

——天兑资本董事长　方德兴

"有趣的灵魂万里挑一。"这句话用来形容本书作者真是一点都不过分。在这本接地气的生活管理力作中，他用有趣的笔法一次涵盖有关生活方方面面的管理方法。全书一气呵成。对身处生活管理误区中或者有系统性管理需求的朋友来说，这本书的出版无疑是福音。本书观点深刻、方法齐备，如加上自身的行动力，拥有"丰赢"人生不再是梦想。

——ESR 集团法务总裁　寿文溢

市面上关于企业战略的图书数不胜数，关于个人发展和自我管理的书籍也层出不穷，而将两者有机结合并指导读者付诸实际行动的读物却寥寥无几。《行动迁跃：人生赢家管理指南》不仅将两者有机地结合起来，为读者提供了一个全新的视角来审视自我管理和个人发展，更依托企业战略管理的原理，为读者设计了一整套自我管理的工具，让读者在实际生活中能持续地加以应用，并迅速地找到解决和应对问题的最优方法。在此衷心地祝愿读者们能通过努力实现人生迁跃！

——新开发银行（金砖银行）司库及资金管理局高级专家　于书君

《行动迁跃：人生赢家管理指南》向读者风趣又不失智慧地介绍了如何像经营一家企业一样经营自己的人生。作者通过日常生活中十分熟悉的场景，甚至是发生在自己生活中的"小事"，阐释了容易被大家忽视的"经营人生"的理念。通过一套有效且简便的工具（人生行动坐标图），指导读者将每一件生活中的"小事"归类，改变消极的习惯，增加积极习惯，从而使得人生更加丰富多彩。

——锐联财智（Rayliant Global Advisors）董事总经理　陈凡

本书不仅告诉读者在通往"丰赢"人生的道路上有哪些方面需要改进，还给出了具体的方法与行动指针。特别是通过书中的"人生行动坐标图"自省工具，让我们能够看到自己亟待改进的"人生盲点"。我相信，书中有趣又实用的理念和工具会帮助读者变得更加睿智与成功！

——领导力教练　吴涛

《行动迁跃：人生赢家管理指南》再次展现出作者一贯卓越的洞察力和强大的操作感。本书包含众多实用的案例和操作工具，如高频警示、自我隔离、持续记录等，让我读完后迫不及待立即尝试。不同于市面上流行的碎片化知识集锦类指南，本书逻辑严谨，深入浅出，读来让人酣畅淋漓。

——中食健康CEO　李鹏

本书用"唾手可得"的方法，让我们从当下的偏好和行为选择中不断了解自己，从而获得丰富的成果和内心的富足。书中内容丰富有趣，有一种自由连接的延伸感。读者若是用一种轻松的心态阅读它，并用一种轻松的心态照着书中所说去尝试，说不定会有很多愉悦的惊喜呢。

——中国通信服务股份有限公司战略生态官　吴一洲

如何获得真正的人生满足感？当你得到答案后，是否每天都会朝着这个目标前进？具体该怎样前进？针对以上这些疑问，本书以有效的分析方法及执行工具——探索，从而帮你寻找到更适合自己的答案。

——稻草熊影业总裁　翟书玮

作者凭借丰富的企业战略咨询与管理经验，创造性地将战略分析与管理工具迁移到生活领域。读者不仅能了解到人生赢家们有哪些共性的行为和习惯，还能学会如何借助各种思维工具实现更丰盈与幸福的生活。从养成自律习惯，到经营情感关系，再到取得事业成功、领悟人生意义，《行动迁跃：人生赢家管理指南》都一一给出了颠覆性的认知和行之有效的方法，堪称一本思考型的行动指南。

——"书单"（公众号ID：BookSelection）

以"愉悦"为行动的力量源泉

在休假期间读到田林兄的新书《行动迁跃：人生赢家管理指南》，爱不释手，感触良多。

许多人说，人生的选择不外乎回归根本：我是谁？我从哪里来？我要往哪里去？大多数人的生活到最后都殊途同归，有的人回归亲情，有的人看淡名利，有的人提醒自己"我只想我的孩子健康、平安、快乐"，有的人对"赢在起跑线上"有了新的看法和感悟。如果说未来的社会更注重价值观导向，那么我相信，《行动迁跃：人生赢家管理指南》这本书能帮助很多人厘清生活的选择，辨明人生的方向，赢在新的、更有意义的人生起跑线上。

在职20多年，我遇见过很多优秀的前辈和同仁，他们以结果为导向，注重原则和方法，在行动前设定清晰的目标，分析目前的状况，从A点到B点，设定好路径落实执行。田林兄的这本《行动迁跃：人生赢家管理指南》既有丰富、严谨的理论精华，又有很多实用且好用的工具。首先，它帮助我们选择、聚焦于"当下和未来都令人愉悦的事"。然后，以"未来愉悦"为导向，消化当下有益的"痛苦"。再对生活中最基本、最重要的方面分门别类进行分析，把关键问题和处理方式都简单明了地呈现在大家面前，扫清行动障碍。最后，"行动和管理工具清单"帮助我们更加便捷、系统地总结、回顾书中的要点。读者既能知其然亦能知其所以然，还能将简单且行之有效的方法和工具应用到工作、生活的各个方面。可以说，这本书实在是深入浅出的典范。

除了个人职业成长和身心发展，本书对子女的教育和良好家庭关系的建立与维护也有极大的帮助。事实上，看完这本书稿，我立即建议田林兄进一步出版一套系列书。因为书中的理论和工具对处于懵懂或困惑期的青少年、职场新人以及处理婚姻和家庭关系有困难的人，都很有助益。本书能帮助读者将美好愿望付诸行动，更快速有效地做判断。

子曰："知之者不如好之者，好之者不如乐之者。"相信日后喜欢和擅用此书的朋友会更容易找到自己人生的乐趣所在，以"愉悦"为行动的力量源泉，诚意正心、修身齐家。愿此书帮助越来越多人成为从心灵到生活都富足丰盛的"人生赢家"。

奥美集团（广州）董事总经理　梁凤妹

"拿得起、放得下"的成功之道

跟田林见面的频次不高，但感觉大家都是一路人。哪一路的呢？就是在投资金融领域还有余力和兴趣思考人生、思考形而上问题的人。所以当得知田林的新书即将出版时，我很好奇，也很惊喜，希望先睹为快。

翻开田林的书，看到书中的精华工具——"当下感受 vs 未来影响"矩阵，我不由地会心一笑，因为我也画过一个类似的矩阵——"拿得起 vs 放得下"矩阵（见图1）。其中，拿不起也放不下的人前怕狼后怕虎，想要嫌太累、不要心不甘，整个人都焦虑着、拧巴着。

如果你遇事基本上都能拿起来立马办了，那么恭喜你，至少你已经进入A区即"社会精英"阶层了。这一类人通常鲜衣怒马、年少多金、目标明确、常年加班，但如果光拿得起却放不下的话，接下来很可能是"中年早衰"。就算没早衰，也难免焦虑、抑郁、失调，这样的案例比比皆是。

拿得起

A

社会精英、成功人士
目标明确、常年加班
鲜衣怒马、中年早衰

C

拿放自如、得心应手

放不下 ←——————————————→ 放得下

想要没本事
不要心不甘

佛里佛系、爱戴手串
表面放下、实则拧巴

B

D

拿不起

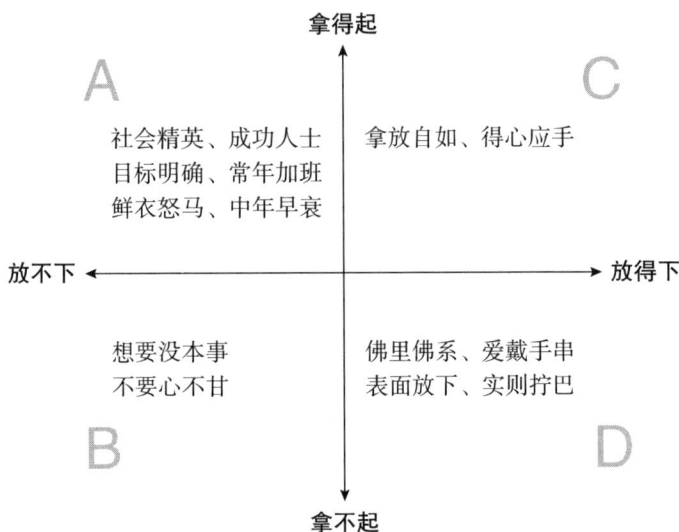

图1　拿得起vs放得下

　　真正的人生赢家，是那些拿得起又放得下的人，见了便做、做了便放下，转换自如，圆融无碍。我在不同的人生阶段，曾在B、A、D三个区域里都晃悠过，现在正努力往C区域靠近中。虽未能至，心向往之。

　　分析了几个区域的特征，再来说说什么是真正的人生赢家。在我二三十岁的时候，曾像现在许多年轻人一样，认为成为人生赢家的标志就是钱多、房子大、伴侣是人中龙凤。现在年近半百，经历过一些事后，我对人生赢家的定义是能够做个"好人"。"好人"的标准有三：第一，正直、善良。正直就是要公正，能把私利和他利放在相对平等的位置上来衡量。我们并不提倡把他利放在私利之前，因为大家都不是圣人，还得实事求是。善良就是要有同理心，能推己及人，也能推人及己。第二，能自食其力，能养得活自己和家人，收入不高的时候能降低欲望，日子也能过得很美。第三，有余力时尽力助人。按这个标准来看，许多小伙伴们都已经是成功人士啦。

如果说我们很多人都已经是成功人士了，可为什么大家还这么焦虑、紧张、郁闷呢？这就要说到我们的"出厂模式"了。田林的新书在这方面作了很好的阐释。现代人类的"基因设置"是具有压倒性力量的：好美食、慵懒……这些在今天看来有争议的习性，却是过去几十万年驱动我们的祖先能更好存活、繁衍的"好习惯"（参见本书第二章《对抗"基因陷阱"》）。另外，我们所生活的小环境：家庭、父母、早期教育经历，都影响着我们的行为模式。所以我们会或乐观悲观，或鲁莽谨慎，或粗心大意婆婆妈妈，或过于自信深深自卑等。在不同的情形下，我们也会表现出不同的性格特质。如果能认识并觉察到自己这些惯性模式，还能不跟着那些恶习走，我们的人生就会轻松自在很多。

接下来的问题是，该怎么做呢？田林在书里给大家提供了许多好的方法。我们每一个人，世界上的每一个生物，都向往幸福、美好的生活。我想借用《大学》里的一段话来描述我心目中的美好生活："知止而后有定，定而后能静，静而后能安，安而后能虑，虑而后能得。"当我们一个念头升起时，先要想到"打住！这很可能是冲动、非理性的想法"，先让自己把心静下来，进入一个安定的状态，这时候才可能有周详、完备的考虑，才可能得出一个相对理性、正确的判断。有了这种意识，再利用本书中实用的行动管理工具，规划好不同类型的行动，无疑能帮助我们有效地避开基因、习性层面的陷阱，逐步走向理想的人生状态。

不光我们自己，我们的孩子们将来也会像我们这样——闯关：学习、考试、毕业、找工作、换工作、恋爱、婚姻、衰老，也会经历各种可能的失去：失恋、失业、离婚……我们会希望他们像前人那样舍本逐末、终日痛苦、焦虑不安吗？当然不会。所以我们要把"终极心法"交给他们。在教他们之前，我们得先体会、实践、做到。

可能我讲得比较抽象，书中有非常好的方法和案例，大家还是赶紧读读这本书吧！

资深金融从业者　旺嘎

成为人生赢家的最佳指南

无论你是否同意"人生赢家"这个说法，田林君的这本书都系统地给出了颇具洞见的定义，还结合了大量严谨的研究成果和翔实的案例分析，给出了清晰的实现路径。看完本书，我不禁惊叹于作者丰富的知识储备、严谨的学术素养以及系统性的思维体系。

尤其珍贵的是，此书还是一本极具价值的实践指南。不同于鸡汤式书籍的蜻蜓点水，此书提供了详细的行动路线图：如何策略性地管理生活中的不同事项，如何打破购物上瘾症，如何设计理想的休假安排，如何创造性地培养运动习惯，如何在心智、健康、能力等领域得到有效的发展。除了内容生动有趣，尤其令我惊喜的是，书中运用了商业领域中经典的差异化思考、矩阵分析等方法，配合翔实的图表，让深奥的原理和方法一目了然，帮助读者快速、方便地理解、使用书中介绍的管理工具。

一个人的成功究竟是基因这一遗传因素使然，还是后天努力的结果？作者对此提出了不少独到新颖且有趣的见解以及有建设性的行动策略。

一个人能成为人生赢家，究竟是运气使然，还是规划的结果？对此，田林君的这本新书也提供了让人耳目一新的答案，相信各位读者也能从书中找到让自己深受启发的洞见。

相对于市场上常见的管理类、励志类书籍，我更愿意把此书归类于"工具书"或者"应用科学"图书。相信读者朋友们定能从中获益，成为真正的人生赢家！

伦敦商学院斯隆学者、战略与创新管理专家　柯良鸿

什么是人生赢家

一

卡洛斯·格尔赛（Carlos Gorsse）就像是从电影或者小说中走出来的人物。他生于20世纪40年代初的布宜诺斯艾利斯（阿根廷首都）。20世纪前期的阿根廷是全球领先的发达国家之一，国内生产总值一直位列世界前八，首都布宜诺斯艾利斯被称为南美洲的巴黎。卡洛斯的父亲是阿根廷的贵族，年轻的时候就到北美留学，并且与革命家切·格瓦拉是故交。

卡洛斯在大学时学的是经济学。他热爱阅读且博学广识，家里的书房就像古典的大学图书馆。此外，他也酷爱运动，年轻时曾拥有属于自己的庄园和马场，打马球的水平接近专业水准。他在击剑领域更为出色，曾获得阿根廷全国第二名，并获得了参加1964年东京奥运会的资格（后来由于政策原因，选派首都、省级选手各一名参加奥运会。卡洛斯虽是全国第二，但因全国第一、第二都是首都选手，故失去了奥运会参赛资格。他愤慨政策不公，决定从此不再参加击剑比赛）。

20世纪60年代后期，军政府统治下的阿根廷陷入社会动乱的状态，国内的知识分子、开明贵族都受到了种种迫害。在此危机下，卡洛斯逃往英国。在新的国度，他没有财产、朋友，甚至连学历都不被承认，30多岁的他一下子跌入了社会底层。

但一切从零开始的卡洛斯仍然保持着热爱阅读、坚持学习的习惯。在英国，他开始学习心理学，在伦敦大学师从著名心理学家、现代智商理论与人格理论的奠基人艾森克（Hans Eysenck）教授；在取得心理学学位后，他获得了在伦敦城市大学（UCL）进行心理学研究的职位。

对新的国家，他有着敏锐的观察力和对机会的嗅觉。卡洛斯注意到英国的餐饮服务质量比较糟糕，而且远没达到饱和的程度，于是成立了自己的餐饮服务公司，获得了不菲的收益。后来，他成功出售了自己的餐饮企业，开始投资英国的地产。除了商业上的成就，卡洛斯还曾为国会议员担任竞选顾问。

在英国开始了全新的生活之后，运动仍然是卡洛斯生活中不可或缺的一部分。在英国他没有庄园和马场，只能遗憾地放弃马球。40多岁时，他开始学习网球，从此爱上了这项运动，并多次获得了业余比赛的冠军。正是在网球场上，他认识了妻子简（Janep），两人因为运动结缘，幸福地生活了在一起。50多岁时他开始打高尔夫，到了70多岁仍可以打出非常好的成绩。我在英国生活期间，就是在高尔夫球场上和卡洛斯相识的，我们经常一起打球，一起探讨学问，成了忘年之交。

如今卡洛斯已经80岁，在经历几次重大心脏手术之后已无法再打网球了，但他仍然坚持健身、练习交际舞，参加"65岁以上者室内足球"

运动，在舞蹈和足球运动中认识新的朋友。

虽然卡洛斯经历了严重的社会动乱，也曾跌入社会底层，但他无疑是人生赢家，是一位见证了历史的人。他那不断充盈和突破自我的魄力和行动，便是对"丰赢"人生的有力诠释。

二

数年前，人生赢家突然成为人们交谈中的一个常用词语，当某个明星获得了大奖或者某人取得了巨大的商业成就（甚至还和某个大众喜爱的明星结为伉俪）时，众多人都会感叹道："此人真是人生赢家！"

那么，你认为什么样的人才算是人生赢家呢？你认识的人生赢家都有谁？

不知你的答案里是否包含了国内外的政坛领袖、获得过诺贝尔奖的顶尖学者、获得格莱美/奥斯卡奖的艺术大师、巨额彩票的中奖者，或者苹果、亚马逊、阿里巴巴等巨头公司的创始人……

无论你写下谁，答案本身对你自己如何成为这样的人恐怕并没有多少帮助。那么，什么样的答案能提供不一样的视角，帮助我们自己也成为人生赢家呢？

正因为身边有像卡洛斯这样的朋友，让我有机会观察、了解他们的经历和行动，因此我对这个问题有了不一样的回答。在给出答案之前，我们先做一个简单的测试。

请你回忆一下最近两年来，你主动做了哪些"非必需事项"（指为了维持生命或自己的工作职责之外的事项）？比如，旅行、绘画、听音乐会、邀请朋友一同参加某项运动、给子女讲故事、参加网络课程的学习、玩手机游戏、刷视频看直播、独自喝闷酒等。

———————、———————、———————、———————、———————、

———————、———————、———————、———————、———————、

———————、———————、———————、———————、———————。

请至少列举15项自己经常做的事情。其实，大部分人都可以轻易列出20项甚至更多。

三

我们做的每一件事都会对当下、未来产生一定的影响。有的事情在做的时候会令人愉悦，有的则让人痛苦。与此同时，这些事又有可能在未来给我们带来收益或痛苦。对此，我们可以将所做的每一件事按照两个维度来分类。

当下感受维度。做一件事让人当下感到愉悦（比如享受一场自己喜欢的音乐会），或者让人当下感到痛苦（比如挤地铁通勤）。

未来影响维度。做一件事让人在未来感到爽快（比如锻炼身体），或者让人感到痛苦（比如抽烟，相信大家都了解抽烟的危害）。

通过以上两个维度，我们可以将人们所做的事项分为四类，如"人生行动坐标图"（也被称作赢家矩阵）（图1）中的四个象限。

在图1的左上角，A类事项令人在当下感到痛苦，但是对未来有益。比如，一个不喜欢运动的人为了提高健康指标，开始锻炼（锻炼时感到非常痛苦）。人们做A类事项，通常因为有外部的激励，或者出于对未来潜在收益或损失的考虑。

未来愉悦

A类：当下令人难受但未来让人愉悦的事

C类：当下和未来都令人愉悦的事

未来影响

未来痛苦

B类：当下令人痛苦，未来也令人难受的事

D类：当下令人愉悦，但最终会带来伤害（痛苦）的事

当下痛苦　　　　　　当下愉悦

当下感受

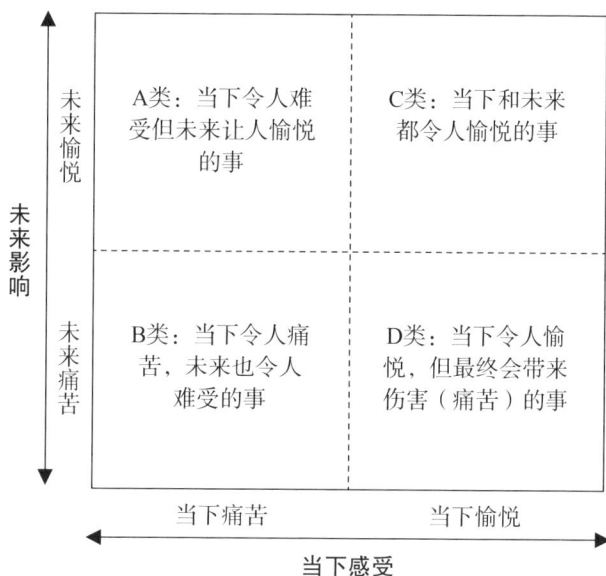

图1　人生行动坐标图

左下角的B类事项在当下令人痛苦，未来也会让人难受。一般来说，人们不会主动去做这类事（既无眼前利益，也无远期收益），往往因为一时决策失误，或者中了圈套而陷入其中。比如，处理官司，甚至遇到牢狱之灾。

毫无疑问，右上角的C类事项是各类事务中最理想的类型，当下和未来都能给人带来收益，让人感到愉悦。比如，与朋友们一同参加喜欢的运动，享受运动乐趣的同时不但增进了友谊，而且还有助于身体健康。

右下角的D类事项则是最危险的，因为它们让人当下感到爽快，所以很多人不需要任何外部激励就会主动去做；但从长远来看，这些事项（比如抽烟、酗酒甚至吸毒）会带来各种危害。这些危害很可能非常隐蔽，让人稍不留意就可能因一时之欢，或者因眼前利益的驱使而沉沦到此类事项

当中。

通过绘制"人生行动坐标图"，我们能更好地审视一个人的生活状态。比如，X先生的"人生行动坐标图"如下（图2）。图中每一个黑点表示一类事项，部分黑点在图中标注了文字说明。

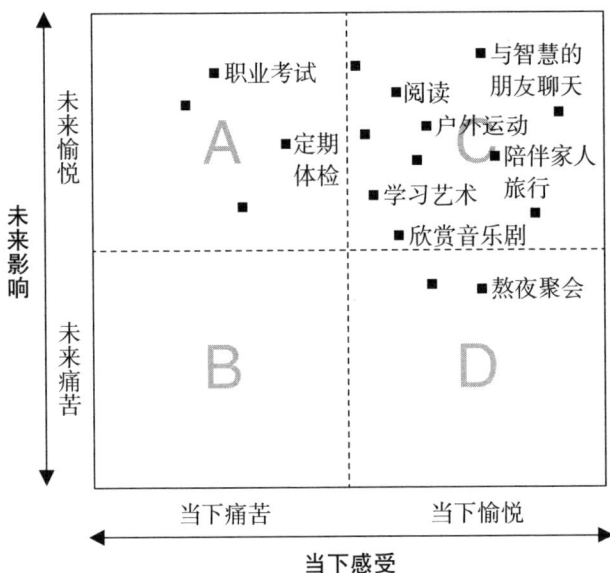

图2　X先生的"人生行动坐标图"

在A区域，有几类与工作、健康相关的活动，比如定期体检。B区域的事项空白。C区域则无比丰富，阅读、运动、旅行、陪伴家人、与智慧的朋友聊天……这些都是当下能带来享受且对未来有益的事情。D区域的事情很少，偶尔会吃一顿不太健康的大餐，或者与朋友熬夜聚会（熬夜会影响第二天的状态，但也不算太糟，所以离横向的中轴线比较近）。

接下来我们再看看另一位朋友，小Y的人生行动坐标图（图3）。

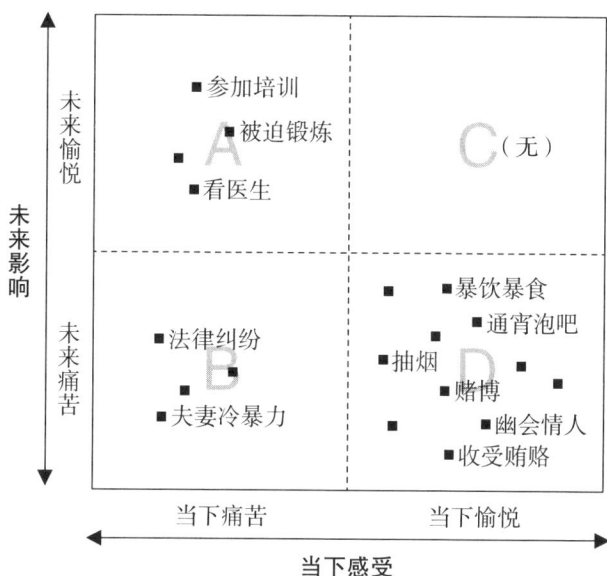

图3 小Y的人生行动坐标图

在A区域，他正在为某个考试而参加培训。由于生活不规律，他的各种健康指标都很糟糕，因此被迫进行某些锻炼，而且需要定期去看医生。在B区域，他有法律纠纷，而且因夫妻经常争吵，陷入夫妻冷暴力当中。在C区域，很遗憾，实在找不到任何符合这一标准的事情。在D区域的事项则非常多，小Y喜欢抽烟，并且香烟的消耗量很大；喜欢喝酒，偶尔会喝醉；喜欢打牌、赌博，也会去蹦迪，常常熬夜通宵；因为在工作上小有权利，他会找机会收受一些好处；此外，他还会去幽会情人……这些活动在当下让他感觉极其爽快、愉悦，但可以预见，未来一定会给他带来种种麻烦和痛苦。

看完这四个象限，我们不禁感慨，无论是否富有，可以说小Y是一个彻头彻尾的人生输家。

我们并不需要认识X先生和小Y，也不需要看到他们生活中的具体状态，只需要对比一下他们的"人生行动坐标图"，就能对他们的生活状态及未来的生活轨迹有一个比较准确的认知。我们甚至不需要了解每个事项具体是什么，只要看一下"人生行动坐标图"上各个黑点的分布和密集程度就能做出判断。对比上面两个例子后，我们就可以自问，是希望成为X先生那样的人，还是成为小Y那样的人呢？我相信，既然你已经拿起这本书，答案是不言而喻的。

四

近几年，我们常常听到人们感叹说"某某（赚得大笔财富或者嫁给/迎娶了很多人梦寐以求的明星）真是人生赢家"。通过上面两张图的对比，希望大家能明白：

- 并不是挣到了多少钱，或者和明星、富豪结婚了的人才是人生赢家。其实，能够避开B区域事项、转移A、D区域事项、不断丰富C区域事项的人，就是人生赢家！
- 通过有效的行为监控和行动规划，任何人都能走向并且成为自己的人生赢家。

当我们主动管理自己在各个区域的行动事项，将其逐步**"迁移"**到更加理想的位置，然后保持这样的行动习惯时，某一天就会发现，自己的生活状态已经不知不觉地发生了**"飞跃"**。这就是行动迁跃。

有人说，道理简单，但做起来困难。确实，做到比理解要难得多。正因如此，我们需要工具来帮助自己实现改变。这好比两个人同样希望早睡早起，都觉得早起困难，但其中一个人有闹钟而另一个人没有，那么前者做到早起的概率显然更高。所以，本书将详细告诉大家如何利用有效工具来规划、监控和管理自己在"人生行动坐标图"中的A、B、C、D四个区域中可能出现的事项。

在第一章，我们将进行一次简单、快速的自我生活审查，画出自己的"人生行动坐标图"。很少有人会像企业审计那样认真、严谨地审视自己的日常生活。"哪些数据异常""哪些行为会给未来带来风险"，我们恐怕从未对此认真分析过，而分析的结果很可能会让自己大吃一惊。但是，无论暴露出怎样的问题（或者闪光点），我们都能从中发现可以改善或进一步提升的地方。

在第二章，我们将探究如何避开D区域的诱惑。位于这个区域的事物是阻碍人们走向人生赢家的巨大诱惑与拖累。绝大多数人都清楚地知道哪些事物对自己有害，比如吸烟、酗酒，却因为拒绝不了当下快感的诱惑而越来越深地陷入D区域的事物当中（包括人们常说的各类"恶习"）。这一章将帮助大家减少对这类诱惑和不良习惯的依赖，或者在还没有养成这样的习惯之前有效地避开它们。

在第三章，我们将介绍如何培养健康的心态和习惯，以便更好地管理自己在A区域的事项，并且尽可能地将它们转移到C区域。与D类区域的事项正好相反，人们知道A类区域的事项对自己有利，但缺少去做的动力。通过心理学的研究成果及某些著名人物的经验和方法，我们能有效帮助自己改变对A区域事项的心态和感受，从而更加积极、主动地去做这类事项。

在第四章，我们将谈到本书的重点——人生赢家的核心区域，一起学习如何让C区域的事项不断发展、延伸，让我们在享受当下的同时不断提升自己的生命状态。**真正的人生赢家懂得如何在C区域不断加码，在创造更美好未来的同时也能享受当下！**

第五章介绍的是风险控制，即如何避开灾难性的B区域。如前文所说，人们不太可能主动去做当下感到不爽、对未来又无益的事情，落到B区域很可能是因为被人欺骗、陷害，或者因为之前的错误决策、无法抗拒小诱惑而不断累积的结果。尽管这里的事项可能不太多，但一旦发生就有可能带来灾难性的后果（比如牢狱之灾、婚姻破裂等）。所以我们将从"结交朋友与提升法律意识""避免非理性思考"和"滑坡理论"三个方面来分析，帮助大家避开这些危险。

在第六章，在了解如何应对、管理以上每一个区域的事项之后，我们将学会建立一套机制，有效地监控自己"向人生赢家方向发展"的进程，并且及时解决可能存在的风险和问题。本章将介绍"生活仪表盘"（Life-Dashboard）的管理工具，帮助我们监控、调整自己在工作、健康、夫妻情感、家人关系等各方面的状况。

在第七章，综合以上各章节的分析和方法，我们将共同探讨如何找到自己生命中的热忱（passion），让自己的生活更加丰满，更具有深度和意义。

本书不是心灵鸡汤读物（让人觉得生活充满希望和美好，但得不到任何思考能力的提升），也不是鸡血文集（让人热血沸腾、充满热情，但是对该如何做没有任何清晰的介绍），而是一本思考型的行动指南。

本书中所引用的研究案例和新闻事件，均经过溯源求证，并在书后的注释部分注明了信息来源和相关的延展阅读资料，方便感兴趣的读者进一步探究。希望大家能通过对注释的关注，养成信息溯源、注重求证的习惯，更好鉴别图书质量与信息来源。

长期以来，管理学界和顶尖的企业开发了众多的战略管理工具，以帮助企业取得更好的经营成果和长久的发展。我曾经思考："**如何把这些出色的战略性分析、管理工具从企业的应用场景当中抽离出来，运用到人们的生活管理当中呢？**"于是诞生了本书所介绍的一系列"战略性人生管理工具"。

我一直坚信，**经营生活，就像管理一家企业，长期的成功绝非靠运气，或抱着"拼搏""一定要成功"的决心就能取得的。**经得起时间检验的成就需要策略性地思考，还需要擅用分析工具找到每一类问题的本质原因和解决问题的最佳实践（如果你碰巧是一位商业人士，那么相信我的另一本书《超越执行力——从传统巨头到新经济独角兽的制胜策略》也能帮到你）。

一言以蔽之，本书将邀你一起思考和实践：如何策略性地区分对待给我们的人生带来不同影响的事物，如何借鉴最佳实践管理好生活中的各类事务。接下来，就让我们一同开始实现"丰赢"人生的最佳实践之旅吧！

目 录

第三章　改变"痛苦回路"

真正的自律，其本质一定是"不用自律"，而实现这种自律的秘诀就是，找到或培养出对自己有益的"甜点"。

第四章　实现"丰赢"人生

一张桌子至少需要三条腿才可能稳固。人生这张桌子的三条腿是：健康、财富和情感。

第五章　避开深渊

如果你有结余，你可以随随便便地把钱给别人，但是决不能让你的名字随随便便地出现在需要承担责任的地方。

第六章　建立 "生活仪表盘"

人们在驾驶汽车时，需要了解车速、剩余油量、发动机转速等数据。那么，在人生道路上，我们需要监控哪些数据？

第七章　提升生命的激情和质量

具有强烈热情去从事且能给自己一生带来积极、深远影响的活动是什么？

第一章

认识"人生行动坐标图"

一张图表，清晰地展示出你的人生状态和未来

走向。

自我发现：你是否具有赢家潜质

就像人们需要通过定期体检来了解自己的健康状态一样，我们也需要通过定期做一下"人生活动审查"来了解自己的生活状态，帮助自己对未来的生命走向做出更好的判断和规划。

由于人们的生活、工作状态是不断变化的，所以我们把最近两年作为自我分析的有效期。先把最近两年来自己参与过的事项列举出来，做到尽量完整、详细；然后判断每一个事项在行动当下的感受和对未来的影响，并将其分别放置到"人生行动坐标图"（图1-1）的不同象限中。

可能有人很难完整回忆出过去所做的事项及其频次，因此在这里我为大家提供了一个备选清单。我们可以借助下面这个清单来做一个相对完整的筛查。对以下各事项，如果你有过这个行为，就在前面打"√"（有的活动需要达到一定频次才算有效，因此我在其后的括号中标注了频次要求），并根据其带来的感受和影响，将其定位在A、B、C、D所对应的区域。如果你没有这个行为，或者频次达不到选项后面括号里的要求，就打"×"。表单如下：

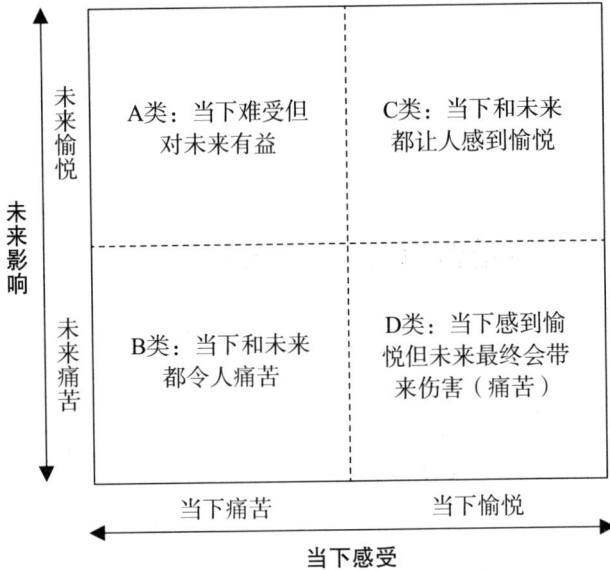

图1-1 "人生行动坐标图"

□1. 健身（室内健身，至少每周一次，不管是因为喜欢，还是出于健康需要）

□2. 户外运动（登山、骑行、晨跑、滑雪等，至少每个月一次）

□3. 游泳（平均每个月至少一次）

□4. 智力运动（下象棋、做数独或门萨逻辑题等）

□5. 打麻将（每个月2小时以上）

□6. 听音乐会

□7. 服用神经刺激类产品

□8. 观光购物型的旅行（每年不少于一次）

□9. 文化体验型的旅行（每年不少于一次）

□10. 过量喝酒（不同人的标准不同，我们暂且将过量定义为：感到

不适、眩晕或者单次纯酒精摄入量超过50ml）

☐ 11. 吃过于丰盛的晚餐（平均每个月一次以上）

☐ 12. 吃不健康的零食、糖水饮料

☐ 13. 经常去医院接受治疗（每年4次或以上）

☐ 14. 与家人争吵

☐ 15. 经常出差或者远距离通勤

☐ 16. 参与戒烟、戒酒的互助活动

☐ 17. 冲动性购物（事后会后悔）

☐ 18. 追星活动、收集明星相关的消息或者物品

☐ 19. 参加公益组织或者志愿服务活动

☐ 20. 赌博

☐ 21. 练习艺术（书法、绘画、乐器等，平均每周半小时以上）

☐ 22. 消遣性阅读（平均每个月一本以上）

☐ 23. 阅读思考类、知识类、激发想象力的书籍（平均每个月一本以上）

☐ 24. 追电视剧

☐ 25. 看电影

☐ 26. 为购物进行准备和研究，比如大促销即将到来之时

☐ 27. 处理法律纠纷或者被刑事/行政拘留

☐ 28. 发展暧昧关系

☐ 29. 准备考试

☐ 30. 近乎上瘾地刷社交软件（比如短视频、微信朋友圈，平均每天1小时以上）

☐ 31. 学习一门新知识或技能（参加培训、自我上网学习等）

□ 32. 陷入焦虑、悔恨或者自我怀疑的状态中

□ 33. 在工作中或生活中与人发生口角或冲突

□ 34. 与智慧的朋友聊天

□ 35. 写作

□ 36. 参与宗教活动

□ 37. 进行禅修、冥想或者其他精神训练

□ 38. 研究个人/家庭的投资或者理财项目

□ 39. 联络曾经给自己带来过帮助的人

□ 40. 手机游戏、网络游戏（每周都玩）

□ 41. 看消遣、娱乐性的网络直播

□ 42. 定期去医院体检

□ 43. 帮助亲人、朋友解决困难

□ 44. 帮助子女培养兴趣爱好或者陪伴女子运动

□ 45. 家人、夫妻（恋人）之间出现冷战状况（刻意回避、拒绝沟通）

□ 46. 定期打扫房间，收纳整理

□ 47. 去卡拉OK或者舞厅进行熬夜型娱乐

□ 48. 在烧烤、大排档等场合放纵食欲

□ 49. 参加夫妻关系或亲子关系咨询，接受心理辅导

□ 50. 与他人斗气（产生抱怨情绪并影响到自己的心情和活动）

说明：

1. 一个行动给人的感受，取决于个人喜好和习惯。对某些人来说是享受的事情，可能会给其他人带来巨大的痛苦，比如读书、去健身

房运动给每个人带来的感受不同。一个行动对未来的影响，取决于它对个人的健康、职业、情感关系等各方面的影响，需要有针对性地判断。比如，对大多数人来说，玩电脑游戏是处于D区域的事项，但是对游戏开发者或者电竞从业人员来说，则可能是处于A区域或者C区域的事情（当以打游戏作为职业的时候，对游戏的体验恐怕就大不一样了[1]）。

2. 如果某个行动在当下的感受或者对未来的影响是中性的（不会因此感觉愉悦，但也没有任何反感），那么就将其放在区域的分界线上。一个行动所带来的感受越强烈，它就越靠近某一维度的两端；反之，带来的感受越弱小则越靠近分界线。如下图。

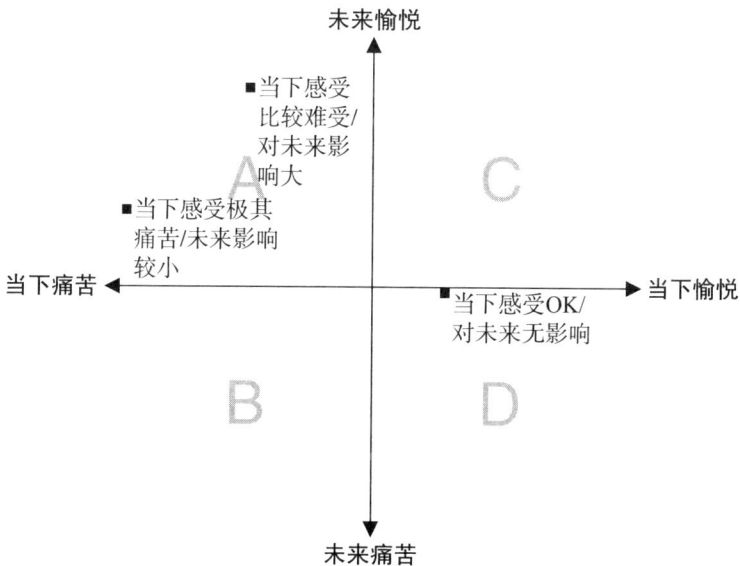

图1-2 不同感受所对应的坐标位置

7

下面开始自我检测，看看自己都从事过哪些活动，分别属于A、B、C、D哪一个区域。

例：☑1.吸烟　　　区域 <u>D</u>

图1-3是一个空白的"人生行动坐标图"。每选中一个事项，就在空白坐标图相应的位置上标注出来，最终就得到了自己的"人生行动坐标图"。

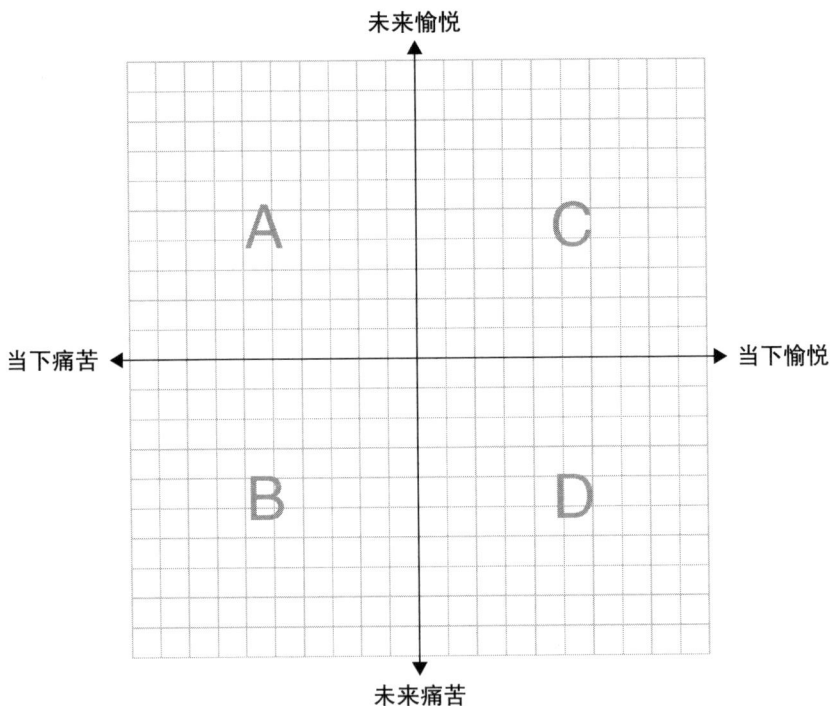

图1-3　我的"人生行动坐标图"

三种常见图谱

根据上面50个选项的绘制结果，你的人生状态如何？

汇总大部分人的选项结果，主要有以下三种人生状态（图1-4）。

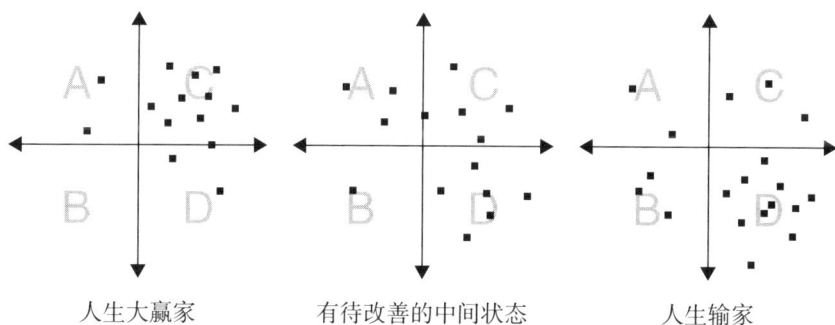

人生大赢家　　　　　有待改善的中间状态　　　　　人生输家

图1-4 三种人生状态的图谱

1. 人生大赢家：A、D区域的事项较少，B区域空白，C区域的事项非常丰富。这样的人能够充分地享受当下，而且也会向着生命状态越来越好的方向发展。

2. 有待改善的中间状态：各类事物在A、C、D区域相对均衡地分布，B区域存在的项目很少（1—2个）。

3. 人生输家：最为显著的特点是 D 区域的项目众多，被当下刺激吸引而给未来带来越来越多的隐患；B 区域也存在两个甚至更多的项目；C 区域的项目相对较少。

大家目前的人生状态属于哪一类呢？你是否感觉自己在某个区域的事项太多了，希望能有所减少，或者哪些区域的事项应该加强？后面的章节将为大家提供详细、完整的方法指导。我们可以保留自己的第一版"人生行动坐标图"，标注上日期，之后每隔一年或两年重新绘制，通过对比我们将会看到可喜的变化。

本章总结 SUMMARY

◇ 根据一件事给人当下带来的感受和对未来的影响两个维度，我们可以绘制出"人生行动坐标图"。通过观察一个人的"人生行动坐标图"，我们可以迅速了解这个人的生活状态。

◇ 最近两年是一个比较适合进行自我分析的有效时间段。把最近两年来自己做过的事情列举出来（有些事项需要达到一定的频次要求），放置到"人生行动坐标图"上，定期更新，就可以不断追踪自己的生活状态的变化。

◇ 真正的人生赢家在"人生行动坐标图"的右上角有丰富的事项，而且他们会在这个区域不断加码，享受当下的同时不断投资未来。

第二章
对抗“基因陷阱”

WINNER'S MATRIX

贪吃、懒惰……如今我们眼中的恶习，正是过去几十万年来让我们的祖先能更好存活、繁衍的"好习惯"。

进化胜利者的基因

■ 为什么人人都爱吃甜食

想象这样一个场景：在原始社会，我们的祖先还靠采摘作为获取食物的主要方式，那些喜欢吃果子的人，在发现美味的果子时，一定会好好地享用自己发现的美食，并在其他采摘者赶到之前尽量多吃，这样自己就有机会在果子被摘光之前囤积更多的能量（脂肪就是起这个作用的）。在遇到饥荒、难以获取食物的时候，这些储存了更多能量的人就更可能存活下来。

相反，假设有的人不那么喜欢吃果子（或者吃很多也难以将糖分转化成脂肪储存起来），那么在遇到饥荒或者恶劣环境时，他们存活下来的概率就更低，这种偏好的基因也就逐渐从人类的基因库里被淘汰出去了。而偏好果味（甜味）的基因则逐渐成为人类基因的主流。这也是为什么在全世界几乎任何地方，看到美味的甜食时，大多数人都会露出开心的微笑。

然而，在现代社会，人类面临的环境已经完全不同：首先，人类的食物相对充足，在现代化国家极少有发生饥荒的可能；其次，人们的生活方式也发生了巨大的变化，尤其是生活在城市里的白领阶层，几乎整日坐在办公位上，很少有时间锻炼。在这种情况下，过多的脂肪不仅无助于增加存活的概率，反而成了健康的负担[1]。

■ 什么才是完美身材

几乎在全世界所有地区，身材高挑（苗条）、曲线凸出的女性往往更受男性欢迎。只在极个别的文化或者某个特定时期，人们会以胖为美（比如某些非洲部落）[2]。

为什么苗条女性在世界范围内都更受追捧？人类学家格莱默（Karl Grammer）指出，人们对女性特定身材比例产生偏好（审美标准），是因为具有这种偏好的人比起没有这种偏好的人，留下了更加健康的后代（Grammer et al., 2003）[3]。我们对异性审美的标准正是进化选择带来的结果。身材苗条的女性，准确地说是腰臀比（WHR）在某一特定范围内，丰满且有曲线的女性更健康，生育能力更强（不一定生育孩子的数量更多，这涉及经济、宗教、社会政策、个人偏好等多方面影响）。大量的研究也发现，低腰臀比（腰围小于臀围）与健康、长寿具有高度相关性，而高腰臀比（腰围接近臀围）会带来更高的疾病风险[4]。

同样，女性通常更加偏好男性的倒三角体形，因为这种体形代表身体更为强健，以及拥有更强的获取食物、抵御野兽攻击、保护子女的能力（喜欢干瘦型男性的女性可能也存在，但这种偏好的基因在原始社会保存下来的概率要低得多）。

尽管同样存在对异性审美的偏好，但在各种文化当中，人们都很少用"好色"来评价女人；而对男人的评介则不同，无论在哪个地区，似乎人们都会认为其更好色、更花心。

男人更花心吗

我们设想这样一个场景：远古社会有两类男人，第一类男人对女性感情专一，有了配偶以后就心无旁骛、一心一意地照顾配偶和孩子；第二类男人则始终对其他异性充满了兴趣，即使有了孩子，也没太多心思去照顾，还会时不时地去寻找其他女性，四处留情。如此经过很多代的繁衍之后，哪类男人的后代更多、更为普遍呢？

对，在当今的人类社会，我们几乎都是第二类男人的后代。虽然我是男性，但不得不承认，男人确实比女性更花心，更少有耐心去养育孩子，更容易见异思迁。而女性通常则更专注于对子女的抚养，这样子女的存活概率才会更高。一般来说，见异思迁、生下孩子就不管的"母性基因"恐怕传递不过两代吧。

▶▶▶

进化选择理论能解释为什么男人更花心，但并不等于花心的行为就是对的。在当今社会，见异思迁、四处留情恐怕只会带来更大的麻烦和烦恼。

■ **懒惰的价值**

对大部分人来说，办理一张健身卡容易，迈开脚步去锻炼则难得多；在空闲的周末，躺在沙发上刷手机容易，而出门运动，哪怕是散散步都需要付出一些努力。

尽管锻炼身体（包括学习新的知识，要消耗大量的脑力）对我们的健康有着巨大的帮助，但是在人类的身体里似乎并没有"热爱运动"的基因。大部分锻炼爱好者都是经过一段时间的训练形成习惯之后才慢慢爱上运动的。

生物学家们推测，懒惰、保持静止有利于降低代谢率和能量消耗，在原始社会这是一种有利于生存的"策略性选择"[5]。

由于资源、食物匮乏，所以人们需要尽量保留体力，以便在关键时刻能够更好地争取这些资源。在非必要的时候（比如某个安逸的下午）浪费体力是非常不明智的选择。想象一下，如果一个人去健身房挥汗如雨地锻炼了数个小时，而当天晚上还需要他去打猎全家人才有得吃，那么大概率这家人晚上就要饿肚子了。

对现代人来说，一整天不做任何让心跳加速的运动似乎再正常不过了，但对我们的基因来说，这种状态太不正常（不健康）了。

因此，从远古时代开始，不断进化的结果让人们在非必需的情况下倾向于保持慵懒的状态。而在当今社会，除非是生活在某个原始部落或者靠纯体力劳动谋生的人，大多数人已经不再需要靠保存体力来为争取食物做准备了。因此，我们日常坐着不动的机会比我们的祖先要多得多。在原始社会，人们有足够多必须进行体力活动的场合，比如在采摘食物、躲避猛兽、捕猎、使用石器工具时。因此远古时期的人类比当今的人类要强壮得多（其基础代谢率更高，在食物难以充分获取的情况下，更需尽可能地减少能量消耗）。考古学家发现，远古时期女性的手臂比当今专业的划桨运动员的手臂还要粗壮[6]。如今，在极度缺乏运动的状态下，我们从祖先身上继承的这种保持慵懒的基因已经成了巨大的健康威胁，但我们的基因还没有适应这种社会变迁。

科技革命和信息革命让人们可以不用消耗太多能量就能生存下来。对很多地区的人来讲，只是最近三四十年才开始过上不用依靠体力劳动的生活。一个城市居民打开冰箱或者通过手机下单，就能很快得到食物；上班可以开车或者选择公共交通，上楼有电梯，一整天不做任何让心跳加速的活动。对现代人来说，这样的生活似乎再正常不过了，但对我们的基因来说，这种状态太不正常（不健康）了。

从自然选择到智能选择

　　人类自称地球上唯一能思考的物种。但是其实我们大部分的行动、偏好及习惯根本不是思考的结果，更谈不上理性，仅仅是经历了自然选择（natural selection）后留下的基因驱动我们的结果。在数万年前，某些偏好也许能显著增加人的存活和繁衍的概率，延续基因，但是在今天，同样的偏好带来的却是风险和伤害。

　　看完前面的分析，有人可能要悲观了：我们（当今人类）虽然是进化比赛的胜利者，但是我们贪吃、懒惰、好色，甚至体质都远不如古人。大可不必为此而悲观，进化也给我们带来了众多有益的生理特征，比如更大的脑容量与更高的智力。

　　前面提到的进化所带来的这些特质，并非自然选择让我们变得更糟，而是因为人类社会的变迁，一些曾经有利的演化结果在如今变得不再适合甚至有害了。

　　仅仅数十年的时间，一个国家、地区甚至全人类的生活环境就可能发生根本性的变化（在中国，大部分20世纪五六十年代出生的人还有饥荒年代的记忆）。而人类要想在基因层面上建立新的、适应新环境的偏好，恐怕几千年的时间都不够，我们不可能等到那一天来临（即使等到了那一天，变化的也是你的第n代后代，你自己在基因层面的特质和偏好还是不会变的）。所以我们需要告诉自己，这些习性、偏好都只是几万年来自然选择的结果，有些好，有些不好，我们完全有能力通过思考和分析，筛选出应该保留的，以及应该主动改掉的习性，也就是说，我们能够做到智能选择（intelligent selection）。

回到我们前面分析过的"人生行动坐标图"，可能出现在右下角D区域的事项，大部分都是由经历了自然选择后的基因所带来的偏好，以及一部分后天习得的偏好（如图2-1所示）。因为生理原因，我们本能地会被这些偏好吸引，就像看到骨头的宠物犬。如果可以通过分析和思考重新选择我们应该建立、改变的习性和偏好，你会选择哪些呢？

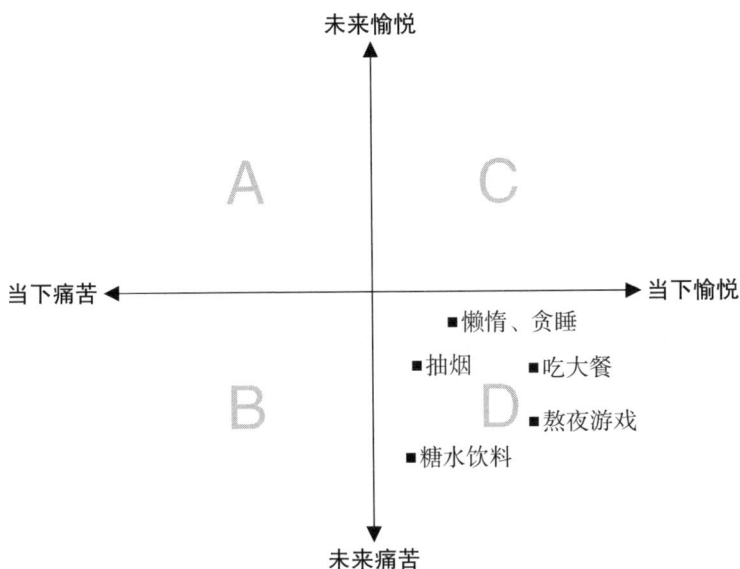

图2-1　D区域的诱惑

如今，大量的服务行业、娱乐行业、游戏行业甚至众多的手机App都是经过精心设计的，它们充分挖掘进化带给人们的本能偏好与反应，让人们沉迷在D区域的活动当中（从而贡献利润）。如果没有追求上进的决心，自我放任，人们最后难免会沉迷到D区域的各种诱惑当中。但仅有改变的决心还不够，我们还需要好的方法和指导才能有效戒掉这些偏好，避开这些陷阱。

在这里我们将从下面三个角度来进行分析（关于如何避免懒惰，更主动地运动、学习，将在第三章节介绍）：拒绝不健康的食物、感情上自律、避免成瘾的感官刺激。

■ 拒绝不健康的食物

甜点、糖水饮料、高油脂（油炸）食物，天然对人们具有强大的吸引力，而这些食品带来的健康风险也是巨大的。比如，增加"添加糖分"（added sugar）的食用量会显著增加心脏病致死的风险[7]。

要想更好地管理健康，我们最好主动对饮食进行规划和管理，不要等到某些疾病发生或者体形严重走样之后才开始考虑做出改变。

很多人因为体重超标或者身体走形才开始减肥。他们试图通过节食，控制能量的摄取达到目的，但往往事与愿违。很多时候，人们因为坚持了数天的节食而决定慰劳一下自己（吃一点好的），或者因为实在忍受不了而中途放弃，接下来可能吃得更多、更不健康。不仅如此，节食本身就更容易让人发胖。

当我们在节食期间接触到食物时，身体会更有效率地将能量转化为脂肪。所以，如果希望改善自己的体形，正确的方法不是去挨饿……

节食的危害

不少认为自己体形过胖的人通过节食的方式来实现减肥的目的，但往往事与愿违。经过数万年的演化，人类的祖先通过在体内囤积能量，熬过了阶段性的饥荒，这也是如今人体存储脂肪的原因。

当我们因节食而出现饥饿感的时候，我们的身体会判断"目前可能正在经历饥荒"，然后会释放信号，让体内的脂肪细胞更多地储存能量。在这种状态下，当我们在节食期间接触到食物的时候，身体会更有效率地将能量转化为脂肪[8]，让人更容易长胖，因为进化给了人类这种保护机制。

如果我们希望改善自己的体形，正确的方法不是去挨饿，而是尽量选择多样性、低碳水（热量）的食物，让自己获得丰富营养和饱腹感的同时降低能量摄入，同时尽可能地提升运动量和能量代谢率。

▶▶▶

无论是出于健康原因还是体形的考虑，节食都不是好的方法，改变自己的食物结构才是更好的选择。首先从你的购物清单和饮食清单上划掉下面这些东西吧：

- 高糖分的饮料（比如普通可乐）

- 高盐分食物（比如包装火腿）

- 油炸食品

- 甜点（尤其是在吃饱饭之后，几千年来中国的传统饮食里并没有餐后甜点这种东西）

- 人造黄油、饼干、甜甜圈、薯片、爆米花、奶油（这些加工食品通常含有反式脂肪，其最常见的形式是氢化植物油）

- 加工肉制品

- 精加工食品（比如白面包）

如果很难做到一下子就彻底拒绝这些食物，那么你可以先设定一个阶段性目标，比如，每周只吃一次。通过设定配额并且严格地执行，有效降低自己对不健康食品的摄入量。

除此之外，为了培养更健康的饮食习惯，我们需要主动多补充下面这些食物。

丰富的水果。 绝大部分水果对人体健康都是非常有帮助的，尤其是西柚、柠檬、蔓越莓、蓝莓、苹果、葡萄等。需要注意的是，对一些含糖量非常高的水果（比如杧果），不宜吃得太多。

多样化的蔬菜。 西兰花、菜花、卷心菜、菠菜、萝卜、芹菜、牛油果、芦笋、紫甘蓝、羽衣甘蓝、海藻都含有丰富的营养，具有抗氧化功效。如今人们在宴请场合有一个不好的习惯：选择很多种肉菜，仅搭配一两道蔬菜。事实上，补充更多样的蔬菜对人们的健康更有帮助。有超过两百多项食物营养学领域的研究显示，多吃蔬菜与水果能显著降低患癌症和心脏病的风险[9]。

豆类与坚果。 豆类与坚果都含有丰富的蛋白质。在日常餐饮中我们可以多选择各种豆类食品。此外，有的朋友喜欢在办公室常备一些零食，当下午略有饥饿感的时候可以随时补充。在这种情况下，请不要准备饼干、糖果或者糕点，选择坚果和豆类零食要健康得多。

全谷物食品。 全谷物食品（比如糙米、燕麦、全麦面包）是有效的抗氧化剂，能有效降低心脏病、2型糖尿病的患病概率[10]。

享受茶饮。 无论红茶还是绿茶，都有助于人们保持更好的健康状态。短期的跟踪研究显示，茶具有提升血管反应度（vascular reactivity）、降低低密度胆固醇（LDL cholesterol）的效果。当然，这里所说的茶并不包含添加糖分的深加工茶饮（各种奶茶店的产品可能带来的是相反的效果）。此外，饮茶也不宜过量。《新英格兰医学期刊》报道，红茶中富含草酸盐，过量饮用容易引起肾结石[11]。每天饮一到两杯茶没有任何健康方面的负面影响。

在建立健康饮食习惯的过程中，除了上面这些知识要点，还有一个很重要的条件是，让亲人、朋友一同参与。

人类是群居动物，我们的日常饮食、娱乐活动，不可能总是由一个人完成的。我们对食物的选择也很容易受到环境的影响，尤其当你不是家里负责厨房的那一位时。因此，如果希望建立更加健康的饮食习惯，我们最好将上面提到的这些知识和信息分享给家人、朋友，以避免在家庭聚餐、朋友聚会时选择不利于健康的食物。

■ 感情上自律

在 D 区域，有很多事项和"非正常的情感关系"有关，比如，发展多重暧昧关系、婚外情等。进化给人类带来的感官愉悦，其实是一种基因的奖励机制，增加繁衍后代的可能，人们身在其中能获得愉悦感，但事后（可能数年之后）带来的往往是无尽的烦恼。

我们大可不必羡慕富豪、影视明星们被异性追捧。如今，富豪、明星等公众人物的绯闻层出不穷，在面对公众和媒体口诛笔伐的同时，还要面对缠身不断的"官司"，甚至是来自官方的"封杀"。非公众人物为了追求这种刺激，也常常陷入麻烦（各类媒体的法制、社会新闻板块，很容易看到各种不健康情感关系带来的危害甚至犯罪）。

为了避免陷入此类烦恼，经营健康的情感关系，我们需要不断提升自己在情感上的自律。需要说明的是，自律绝非禁欲。以下分享几种有助于在情感上保持自律的方法。

努力提升与恋人/配偶之间的亲密感和情感关系

在本书的第四章，我会详细介绍提升与另一半的情感关系的方法（参见98页，拥抱"情感天使"）。此外，两人需要多一同参与活动，适当融入对方的朋友圈。当两个人的情感关系能带来很高的回报感时，彼此会更加忠诚。相反，如果两个人之间缺少亲密互动与相互关爱之心，甚至矛盾重重，那么小小的诱惑就很容易将人引向情感歧路。

选择你的社交圈

人的行为习惯不可避免地受到环境影响，如果在一个人的朋友圈里很多人都有婚外情、经常光顾风月场所或者包养"小三"，那么彼此之间都不会以此为耻，一个本无这些行为的人在这种环境中更容易放松情感上的自律。如果你的圈子里有很多喜欢花天酒地的人，那么（在你的情感关系变糟之前）你最好换一个圈子。

提升情感风险意识

提升情感风险意识可以有效降低陷入婚外恋的风险。识别以下三类风险，可以帮助自己及另一半在相应的场景下提升警觉。

环境风险。在工作中与大量异性接触，长时间地一起共事或者深入沟通，与异性一同面对重大的工作挑战。

> **时机风险。**包括遭受损失的时候，比如，在失去亲人、职业上遭受挫折或打击、健康受损时。此外，还有在生活转变阶段，比如，搬家、工作升迁、到异地工作、进入怀孕或育儿阶段等。
>
> **行为风险。**与异性朋友单独沟通，与异性一同参与志愿服务（体现爱心和共同的价值观），向异性表达对目前生活、情感状态的不满，习惯性地使用异性交友网站等。
>
> ▶▶▶

增加心理暗示

一些身边的小物品能有效给予人们忠于另一半的心理暗示。比如，佩戴戒指，使用配偶赠送的手机壳，或者将与配偶相关的物品放在身边。当今社会，社交工具发达，社会也更具流动性，每个人能接触到的同龄（年龄相仿）异性的数量远高于之前；此外，社会风气更加开放，加上各种描述复杂恋爱关系和婚外情的电视剧、小说的冲刷，无论男女都会面对更多的情感诱惑。因此，我们需要更强的免疫系统，前面提到的这些暗示小物件就是一种免疫工具，放在身边可以增强自己"要忠于另一半"的心理暗示。

理解兴奋机制

当一个漂亮的异性从身边走过的时候，人们很自然地会产生兴奋感。因为人的大脑就是这么编码的，就像一个计算机程序，如果设定了输入A，程序就输出B，那么当看到A信息（一个漂亮的异性）时，自然就会有B反应（产生兴奋感，并且想靠近）。如果人类的基因中没有这种程序设定,人类恐怕已经灭绝了。但是与简单的计算机程序不同,我们能够反思这种程序设定,并且决定接下来的行动。有一句话叫作"理解、意识到,就是一种能量(Awareness is power)"。如果我们能认识到自己的心理状态只是一种基因带来的本能反应,那么我们控制接下来的行为就会更加容易。正因为我不是计算机,所以我能"选择"不去靠近,能"选择"去设定一个与异性沟通的边界。

寻找更高级的乐趣

与漂亮的异性接触产生的乐趣,其实是一种原始的"基因奖励"。但除此之外,人们还有通过学习、思考才能体会的乐趣,比如,对艺术的追求、对某一知识领域的研究、对亲密稳定的家庭关系的享受。那些只知道追求动物本能乐趣的人,自然很容易被金钱、美味的享受、性诱惑。如果人们有了更高层级的乐趣追求,就不会那么容易深陷入动物本能乐趣当中,在情感上也就有了更强的自律。

以上提到的几种保持情感自律的方法,其中最基本、最重要的是第一个,即努力提升彼此间的亲密感和情感关系。如果两个人的情感关系已经很糟糕,后面的几种方法都是缺少动力甚至自欺欺人的。所以,如果你现在处于非常好的情感互动中,请务必保持,避免陷入情感关系的陷阱(参见本书第99页介绍的"情感四恶魔");如果你们的情感互动已经出现了问题和矛盾,请务必把这个问题作为当下第一要事,尽快努力解决(参见本书第104页介绍的"情感四天使",或者请教身边的婚姻关系咨询师)。

■ 避免带来成瘾的感官刺激

酗酒、抽烟、吃不健康的食物甚至彻夜狂欢，这些行为都会刺激感官神经，产生多巴胺带来愉悦感，进而会让人对这些行为上瘾。

烟、酒容易让人上瘾，这自不必说，但鲜为人知的是，熬夜也是一种会让人上瘾的行为。研究显示，在熬夜不睡觉的过程中大脑会产生多巴胺，让人处于兴奋、愉悦的状态，久而久之人们对熬夜就会产生上瘾的感觉，从而养成很晚才睡觉的习惯，也就是人们常说的夜猫子状态。尽管如此，多巴胺的增加并不能阻止由于睡眠缺乏带来的认知能力下降[12]，并且会带来持续性的血压升高和心脏病风险[13]。所以，经常熬夜确实伤害智力又伤害身体。

为了防止熬夜上瘾，我们在夜晚尤其是睡觉前应该避免让大脑释放多巴胺的活动，比如，玩手机游戏、追喜欢的电视剧（不少人追剧停不下来，不知不觉就看了一整夜）。

购物会让人上瘾吗

为什么很多人会像上瘾一样无比热衷于购物？经济学的解释是：当人们购买一个价格为×元的商品时，人们认为该商品的价值，也就是"最高付费意愿"（willingness to pay）通常是大于×元的，每购物一次，就相当于赚取了一笔价值（经济学的名称叫作"消费者剩余"）。所以不停购物，能不停创造这种"赚到"的快感。

如大家所知，在购物的过程中大脑会释放多巴胺。为了揭开其背后的机理，神经学家罗伯特·萨博斯基（Robert Sapolsky）设计了如下实验：通过训练让猴子知道，每当某一信号灯亮时，如果连续按一个按钮10次就能得到食物奖励。研究人员在实验过程中测量猴子释放多巴胺的时间点和数量。结果显示（图2-2），每当灯亮时，猴子大脑就开始释放多巴胺；而按完10次按钮、得到食物时，多巴胺的释放就停止了[14]。也就是说，猴子在预期即将得到食物奖励时，大脑开始释放大量多巴胺（快乐感）；而当真正得到食物奖励时，多巴胺的释放就停止了。考虑到人与猴子的大脑结构非常相似，这个发现有助于解释为什么人们在挑选、购买商品时会有巨大的快感（预期自己即将得到这件漂亮的衣服或手提包），而当买回家以后，预期已经变成现实，快感也就消失了。

如何避开这种多巴胺陷阱呢？一种方法是把自己购买后没用过或购买后不那么喜欢的东西（恐怕每个人都有不少）全部整理出来放到一个显眼的地方，然后告诉自己：很多时候你只是在为购物这个过程（即将拥有某件东西的预期）付费，而不是为商品本身。另一种方法就是设定"限购期"，每当想购买某件东西的时候，告诉自己必须在"下个月的31号"之后（或者其他时间节点，保证至少隔30天）才能购买。通常过了限购期之后，冲动购买的概率将大幅降低。

▶ ▶ ▶

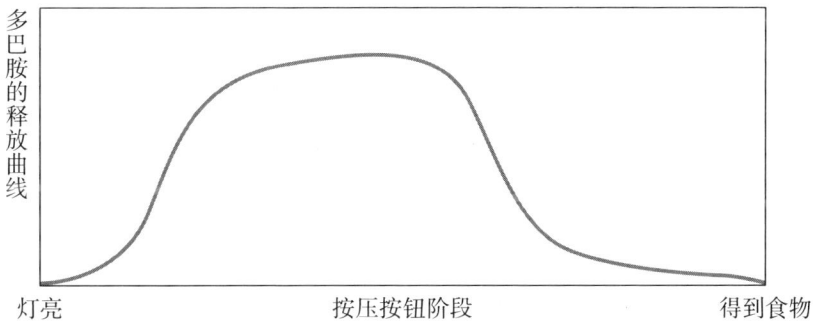

图2-2 奖励预期与多巴胺释放

对烟、酒等令人上瘾的东西来说，通常需要达到一定频次的刺激以后人们才会对其产生好感。大部分人第一次尝试香烟、酒类饮品时恐怕都不会认为那是一种享受，但是由于环境和心理因素的影响，可能会继续尝试，一段时间之后就会产生愉悦感甚至逐渐成为习惯。

对处于不同上瘾阶段的人，我们需要不同的方法来应对。

刚刚接触，还没有形成好感

如果你对香烟（或者酒精等容易引起上瘾的产品）还处于尝试阶段，并没有特别的好感，那么建议你立即停止尝试，可以寻找一些替代性的兴趣爱好。有人说，因为工作的原因，需要这种社交手段。其实总可以找到其他的方式替代它，比如运动、喝咖啡、喝茶等。

研究显示，大部分烟民是在15—16岁时开始吸烟的。美国烟民开始吸烟的平均年龄是15.3岁[15]。新西兰展开过一项针对人们吸烟起始率（smoking initiation rate）的长期跟踪研究，研究结果显示，大部分人开始吸烟的年龄集中在青春期后期和刚刚成年时期；过了20岁的人，非吸烟者成为吸烟者的概率不到2%[16]。

所以大家要坚持住，坚持到20岁，染上烟瘾的概率就非常低了，可能因为到20岁以后，人的定力更强，或者思想更加成熟，已经不再需要去模仿成人吸烟来装酷了。

已经接触，有好感（轻微上瘾的感觉），但还没有形成必需的、日常性的习惯

很多抽烟的人号称"自己并不上瘾，抽得比较少，平均每天还不到一支"。但是我们必须明白，没有哪个重度上瘾的烟民在最初吸烟时就是一天吸一包的。很多人觉得自己没有上瘾，其实这种成瘾的感觉正在慢慢累积，可能起初每天只吸一支，然后每天吸两支，直到每天吸一整包（20支）甚至更多。

如何抵御这种渐进式的成瘾风险呢？在此介绍一种叫作"意志力测试"的方法：给自己设立一个任务，比如，"接下来3个月不碰这个东西（烟、酒或者任何其他有可能上瘾的东西）"。把这个任务写下来，贴到自己每天都能看得见的地方，比如家里的大门上，并且昭告天下，让亲人、朋友都知道你设立了这个挑战。

如果能做到3个月完全不碰它，那就是真的没有上瘾，而且在心理上已经不存在对它的依赖感了。

已经形成习惯

进入成瘾阶段，变成了自己的习惯，想改掉就很困难了。我们需要深入了解习惯的形成机制和打破习惯的方法，有时候甚至需要借助外部干预的手段。

很多人都有目标去改掉（戒掉）自己的某些习惯或者偏好，但通常缺少实施的方法和坚持的动力。有不少科学研究都分析了人们是如何形成习惯，以及如何打破习惯的。借助这些研究成果，我们或许能找到适合自己的方法。

21天改掉习惯？看看真正靠谱的研究和方法

如今有一种流行的观点是，人们可以在21天内有效改掉某个习惯（或培养出新的习惯）。这个说法最早可能来自麦克斯维尔·马尔茨（Maxwell Maltz）于1960年出版的图书 *Psycho-Cybernetics* [17]，然后逐步流行开来。然而，书中对21天形成习惯的总结只是基于作者个人的经验观察，并没有任何实证研究来佐证（当然，21天听起来不算太大的努力，人们可能更愿意相信简单就能做到的事情）。

2009年，英国的伦敦大学学院（University College of London）进行了一项关于习惯形成与打破的跟踪实验，并且在《欧洲社会心理学期刊》（*European Journal of Social Psychology*）发表了研究成果。研究人员发现，人们平均需要66天养成或者改掉一个习惯，具体根据个人情况及所测试习惯的不同，所需时间会有所不同。在该实验中，研究人员对习惯的定义是：人们在某个触发场景下，不需要大脑决策就自动完成的某一行为。研究人员表示，**形成新习惯的关键要素是：在相同的场景中尽量**

人们平均需要66天养成或者改掉一个习惯，具体根据个人情况及所测试习惯的不同，所需时间会有所不同。

多地重复某种行为。而打破某一种习惯最简单的办法则是让自己远离触发该习惯的场景[18]。

这个研究给我们的启示是什么呢？当我们尝试培养或者改掉一个习惯的时候，不要坚持了21天后发现没有效果就放弃了，我们可能需要更多的时间。在这个过程中，我们可以通过下面四种方法来提高自己的成功概率。

■ 高频警示

购买过进口香烟或者在国外购买过香烟的朋友可能都发现了，在欧美国家香烟盒上都印刷或粘贴有警告标语和令人产生恶心感的图片，比如，一个烂掉的肺部或者畸形、生病的身体照片（这并非烟草商有意让客户产生恶心感，而是美国、欧盟等地都有严格的立法，要求烟草商必须在包装上印刷针对吸烟危害的警示性语言，以及从规定的图片库中选取的警示图片，而且图片对烟草外包装的覆盖面积必须达到一定比例[19]）。

一项对20多个国家的烟草包装的警示效果的研究发现，加强警示图片或者语言能够有效降低所在地区烟民的吸烟量，提升人们戒烟的概率[20]。我们不用成为烟草包装设计方面的专家，但是可以借鉴这种方式，把希望戒掉的恶习的潜在危害展示到显眼的位置：卧室里、书桌前、手机屏上……一切你能想到的地方。

如果你想戒掉贪吃甜点的习惯，那么你可以将描述糖尿病和高血压的危害的警示性文字做成卡片，放置你日常触及的各种地方。

■ 隔离场景（诱惑）

我本人喜欢吃甜食，也很清楚甜食给健康带来的危害。把几粒糖果放在我面前并且让我忍住不吃、安心工作，或者把这些糖果放到隔壁我看不见的地方以便让自己安心工作，后者无疑要简单得多。这是一个简单且有效的道理：**隔离是拒绝诱惑最有效的手段**。相对"坐怀不乱"，我认为远离场景要容易得多。

如同前面提到的英国伦敦大学学院的研究，打破某一种习惯最简单的办法是让自己远离触发该习惯的场景。如果你习惯坐到办公桌前先抽一支烟，那么你可以换一个地方办公（远离场景），或者把办公桌上的摆设全部换掉（改变场景），或者把身上、办公桌周边的烟全部拿走（隔离诱惑），让自己远离之前坐下来先吸支烟的场景。此外，你还必须向自己的亲朋好友声明，请他们不要再给你赠送香烟（以及任何你希望避免或者减少使用的产品）。

触发习惯的场景多种多样，有可能是某个物理空间，比如办公桌前，也可能是某种工具，比如闹钟、App上的推送消息。如果你担心自己每天使用手机的时间过多，一看到某些推送消息就会忍不住打开，那么最好关掉一切非必要的推送消息，隔离触发场景。

审查诱惑场景

当你抱怨自己难以改掉某些不良习惯时，不妨先审视一下自己所处的环境，看看是否是某些环境因素让你陷入这些习惯当中的。

有人想控制自己不停吃零食的习惯，却在客厅、卧室里显眼的地方都放着大量的零食；有人想改掉自己慵懒、喜欢宅的习惯，却在卧室里安装电视机；有人抱怨自己工作的时候太容易开小差或走神，却在办公桌上摆放很多杂书和各种饰品摆件……

把自己希望改掉的习惯列一个清单，拿着这个清单，把自己的办公空间、卧室、厨房、轿车……每个可能引发这个习惯的场景都仔细审查一遍，找出可能的"触发诱惑"，然后尽快将其清理掉或者隔离开。

对希望集中精力办公的人来说，手机和网络就是极难拒绝的"分心诱惑"，所以我自己在处理工作时会尽量远离手机（保持电话可以听到），在电脑上写作的时候也尽量将即时通信工具断开，以便隔离这些诱惑。

▶ ▶ ▶

■ 监督外部化

有时候我们仅仅靠自己的意志力很难改变某些不好的习惯，这时我们就需要借助外部监督的力量。比如，有人希望改掉说脏话的习惯，就可以邀请身边的朋友监督自己，谁发现自己说出某些字眼，就付给谁一笔奖励金（也是给自己的惩罚）。利用这种外部监督，建立反馈机制和惩罚机制，减少自己做出这些习惯性行为的可能性。具体的执行方法，可以参见本书第六章的《提高目标实现概率的秘诀》小节（第179页）。

■ 寻找替代品

普利策奖获得者查尔斯·都希格（Charles Duhigg）提到，人们在某一触发场景（cue）下，因采取某种行动（routine）获得了回报（reward），这种回报可以是物质奖励或者心理状态、感受。不断重复这种行动，大脑就记住了这种奖励机制，于是就形成了习惯。而改掉习惯的一个有效方式就是在原有的触发场景下，采取一种新的行动使之带来同样的回报[21]。

比如，前面提到的例子，一个人每次坐到自己的办公桌前都习惯先吸一支烟，这里的场景就是办公桌前，行动是吸烟，获得的回报可能是让自己安静下来（以便进入工作状态）。那么，在同样的场景下，我们考虑哪些行动可以带来同样的效果？也许喝一杯茶或者咖啡也能让自己平静下来，那么在办公桌前准备一个茶壶或者咖啡机，让自己每次坐下来后喝一杯茶或者咖啡，久而久之，在办公桌前吸烟的习惯就被替代了。

很多人一进入酒店或者宴会场所，点餐时会习惯性地选择各种海鲜野味、大鱼大肉。他未必对这些菜有多么强的喜好，而只是进入该场景下的一种习惯性操作。如果人们多品尝一些健康的食物和水果，或者习惯多选择一些自己喜欢的蔬果类菜肴，那么对油腻菜品的依赖自然就减少了。

如今越来越多的产品或者服务可以成为人们的某些成瘾的习惯的替代品，比如用电子烟替代香烟。有趣的是，如今大众喜爱的咖啡最初之所以能够流行开来，很大程度上是因为它可以作为酒精的替代品。社会学家斯图尔特·李·艾伦（Stewart Lee Allen）在《咖啡瘾史》（*The Devil's Cup*）中提到，咖啡豆在非洲传播了近2000年，人们都没有考虑把它做成咖啡饮品，而被传播到中东地区后，它却被制成咖啡饮品迅速流行开来。因为中东民众普遍信奉伊斯兰教，其教义严禁人们饮酒。但是人们对葡萄酒带来的微醺感很向往，一直希望寻找能带来微醺感的休闲替代品。人们发现咖啡能带来轻微的兴奋感甚至醉意，因此咖啡迅速填补了这个需求真空[22]。位于也门的摩卡港（Mocha）曾是全球最大的咖啡贸易中心，摩卡这款咖啡的名字正是来源于此。所以，如果你希望戒酒又找不到替代品，不如尝试一下咖啡。

信任环境带来的"长期收益"

20世纪60年代，心理学家沃特尔·米歇尔（Walter Mischel）在斯坦福大学展开了著名的棉花糖实验[23]，该实验结果被广泛引用：那些能够克制自己、忍耐15分钟得到第二块糖果的小孩（具备更强的延迟享受的能力），在后来的大学入学考试的SAT成绩显著优于那些忍不住只吃到一块糖果的小孩的成绩。

研究人员对这些参与实验的小孩进行了长达近40年的跟踪研究。他们发现，得到第二块糖果的小孩，不仅在学习成绩领域，在接下来人生中的众多方面（社交技能、应对压力能力、对体形的控制等）都优于那些没忍住而吃掉糖果的小孩[24]。

棉花糖实验

研究人员将一组4—5岁的小孩带到一个房间，让其坐下，在他们每个人面前的桌上放一块棉花糖，同时告诉这些小孩：研究人员将离开这个房间，过一会儿回来。如果小孩在研究人员回来之前不吃眼前的这块棉花糖，那么就能得到第二块棉花糖；如果在此之前就吃了则得不到第二块棉花糖的奖励。

研究人员离开房间大约有15分钟，在这个过程中用录像机拍下了小孩们的反应：有的小孩很快拿起棉花糖就吃了；有的在座位上来回扭动，想克制住自己，但几分钟之后还是忍不住吃了；有少数小孩忍住没吃，坚持到了最后。

总共有600名小孩参与这项研究，研究人员对其个人发展进行了10年的跟踪研究，于1972年发表了初步研究成果。之后项目组对其继续进行了近40年的跟踪研究。

值得注意的是，研究中提到"延迟享受的能力（自制力）"与各种人生指标具有正相关性，但这并不表示延迟享受的能力是获得成就（幸福人生）的唯一因素，对影响人生成就、生活幸福感的其他因素，如学习能力、情感关系等，我们也不应该忽视。

▶ ▶ ▶

■ 提升延迟享受的能力

在很多情况下，延迟享受带来的好处是很明显的。比如购物时克制住某些冲动（尤其是非刚需、可买可不买的商品），把钱用来理财，未来可支配的收入就会更多。在工作中克制住开小差的冲动（比如时不时玩一会儿手机），能集中精力更快地完成工作。

尽管如此，大部分人仍更看重当下的收益：吸烟带来的享受是立即就能体会到的，至于带来的危害至少是10年甚至20年以后的事了。为了遥远未来的更好结果而减少当前的享受似乎并不是一个好的选择，毕竟未来的收益总存在不确定性。

那么，如何提升我们延迟享受的能力呢？一个升级版的棉花糖实验给了我们启示[25]。

在心理学家们进行的升级版的实验当中，小孩们被分成了两组，第一组小孩被放在一个"不可信环境组"中，第二组小孩则被放在一个"可信的环境组"中。

在展开棉花糖实验之前，研究人员让孩子们先完成一个画图训练，孩子们可以选择旧的、用过的彩色蜡笔，或者选择等待几分钟。研究人员承诺，愿意等待的孩子们一会儿将得到一盒崭新的蜡笔。旧的蜡笔盒子被故意设计得非常难打开，因此所有的小孩（有的选择等待，有的尝试打开蜡笔盒子但没成功）都等待了几分钟的时间。

在"不可信环境组"当中，研究人员过了一会儿回来，告诉小孩们之前弄错了，没有新的蜡笔了，不如就用这些旧的蜡笔吧，然后帮小孩们打开了旧的蜡笔盒子。

在"可信的环境组"中，研究人员如同承诺的那样，给选择等待的孩子们一大盒更新的蜡笔。在两个小组中，研究人员都让小孩们画图2分钟左右，紧接着开始经典的棉花糖实验，给他们发糖果，并且说明愿意等待的小孩将会得到第二颗糖果。

除了用彩色蜡笔，研究人员也使用了奖杯状的贴纸重复这个提前实验。给小孩们一小包贴纸，并承诺如果他们愿意等一会儿，就给他们更大包、更漂亮的贴纸。贴纸的包装袋粘贴得很牢固，小孩们没法自己打开。在"不可信环境组"当中，研究人员在小孩们等待之后告诉他们没有更好的贴纸了；在"可信的环境组"中，等待的小孩们都得到了更新、更好的贴纸。

两种实验的结果都显示，在可信任的环境中，小孩们延迟享受的能力明显提升："不可信环境组"中的小孩在棉花糖实验中平均等待了3分2秒，该小组中仅有7.1%的小孩等待了完整的15分钟（直到研究人员返

39

回的时间）；而"可信的环境组"中的小孩的平均等待时间达到了12分2秒，该小组中64.3%的小孩等待了15分钟。也就是说，当人们相信"克制是有回报的"，就能更好地抵御眼前的诱惑，延迟享受。所以，如果我们想办法提升未来获得回报的可信程度，将能显著提升自己延迟享受的能力。一个有效的方式就是，不断创造出"延迟享受—获得回报"的体验与经历来训练自己。

> 当人们相信"克制是有回报的"，就能更好地抵御眼前的诱惑，延迟享受。

对此，我们可以围绕两个方面来设计训练方法：创造信任环境，提升自己能够做到延迟享受的信念。

比如，我们承诺自己，延迟当前的某种享受去完成一个任务之后就给自己某个小小的奖励，这个任务可以是去健身或者完成工作报告等。在任务结束之后立即给予自己奖励。反复进行这样的"承诺—奖励"循环，让自己的大脑相信：好的享受确实值得等待，而且自己有很强的自制力来延迟享受！

■ 感受未来收益

2014年冬奥会在俄罗斯的索契举办。在开赛的前几天，加拿大雪道车运动员林登·拉什（Lyndon Rush）就已经站到了比赛的赛道上。"我刚刚完成了从第七个弯道到第十四个弯道"！而此时，他的身子仍坐在慕尼黑机场的候机大厅里，他是在自己的头脑中开始了紧张的比赛[26]。

在运动心理学领域，人们发现在头脑中想象比赛过程及取胜时的场景，能有助于运动员提升比赛成绩。一项针对跆拳道运动员的研究显示，进行视觉想象与运动员的比赛成绩具有显著的正相关性[27]。众多知名运动员都会运用这种被称为"头脑中视觉想象（mental visualisation）"的方法来预想自己在比赛中、赢得胜利时的场景，以提升自己的信念。著名拳击运动员拳王阿里（Muhammad Ali）多次提到，在距比赛很久之前他就开始想象自己赢得胜利时的场景所带来的帮助；在奥运冠军、游泳运动员菲尔普斯（Michael Phelps）的少年时期，他的教练鲍伯·鲍曼（Bob Bowman）就开始用视觉想象的方法对他进行训练[28]。林登·拉什认为，正是这种视觉想象的方法帮助自己在冬奥会前4年多的时间里能够做到始终专注于这项运动[29]。

不仅在运动领域，很多演说家、表演艺术家、企业家都会采用这种方法，让自己的注意力集中到想象的未来场景，尤其是赢得某种成果时的场景，不断强化自己的信心及对未来成果的渴望。

我们不一定要成为世界级的运动冠军或者艺术家，但是仍可以通过这种视觉化的方法想象自己的训练过程和未来获得收益时的场景，让我们对取得成果具有更强的信心，同时也让我们具备更强大的动力来抵制当前的诱惑（如前面升级版棉花糖实验结果显示，当人们更相信未来能获得回报时，抵制眼前诱惑的能力将得到显著提升）。

视觉想象训练可以围绕过程进行，也可以围绕结果进行。一个理想的方式是对这两种场景进行想象训练。我们可以按照以下四个步骤来展开。

第一步：放松。选择一个相对安静的环境，避开干扰，坐下或者躺下都行，然后进行几次深呼吸，让自己进入一个放松的状态。

第二步：想象过程场景。比如，自己在某项比赛中如何完成漂亮的动作，如何一步步接近终点，或者在工作中如何完成一个精彩的汇报等。集中精力想象过程中的各种细节，比如，你所在的环境、使用的工具、面对的人群……越具体越好。

第三步：想象成果时刻。比如，自己完成任务、实现某个重要目标或者赢得比赛胜利时的场景。这个过程也要做到尽量具体：你身处什么地方？场地是什么样的？光线如何？周边有哪些人？这些人在做什么？他们在对你说什么？

第四步：改变视角。在前面几个步骤中我们采用的是本人（内部）视角，即想象自己看到的环境是什么样子的。现在我们改变一下视角，从外部，也就是周边他人的角度来看这个场景。假设有一部摄像机在进行现场拍摄，在镜头中，你是什么样子的？你穿着什么样的衣服？你正在做什么？你在如何与周边的人互动？

通过以上四个步骤，我们进行了一次完整的视觉想象训练。一次训练10—15分钟就足够。对此，我们需要保持一定的频次，重复进行某一个想象训练，在这个过程中不断强化这种临场感受，让自己感觉到未来的成果就在眼前。

视觉想象训练的技巧

有一些技巧可以帮助我们获得更好的视觉想象训练的效果。

想象并且描述。想象的细节越多，你的感受就越真实。有的人在头脑中想象细节比较困难，那么可以一边想象，一边用语言口头描述想象的场景和物体。比如，你举起了某个工具或者食物，想象它的颜色、形状及大小。假设你面前有一位听众，把你头脑中看到的一切描述给他/她听。

采用自我视角，运用多种感官。在这个场景中不仅是你看到了什么，还有通过嗅觉、味觉、听觉、触觉，你能感受到什么？比如，你所在的地方有什么气味？你的双手握着的东西是冰冷的还是温暖的？你周边有什么声音？运用各种感官，让自己沉浸到这个场景当中。

保持积极心态。比想象场景更为重要的是，把自己的感受和情绪融入场景中去。想象一切都是真实的，你会有什么感受？然后不断去强化这种感受。

▶ ▶ ▶

　　如果我们对未来的收益、成果的感受越来越强烈，那么我们也就有了更强的信念来克制当前的诱惑。在你的"人生行动坐标图"的 D 区域中，有哪些事项是你希望减少或彻底戒掉的？戒掉以后你会更容易取得怎样的成果（健康、事业等各个方面）？从现在开始，运用视觉想象的训练方法，在头脑中不断强化取得这种成果时的场景，并且给自己一个信念：我能克制住眼前的诱惑，延迟享受。

本章总结 SUMMARY

◇ 在人类进化的过程中，由于自然选择，基因让如今的人类天生喜欢甜食，倾向于慵懒的状态，而且容易被异性吸引（尤其男性）。

◇ 如今整个人类社会的环境发生了巨大的变化，食物相对充足，人们为了维持生存的"必要运动量"大幅减少。在进化过程中，基因曾经带给我们的某些优势，比如，偏好甜食，容易存储脂肪，如今已经变成了对健康的威胁。

◇ 理解了人类的很多偏好其实来自基因的"出厂默认设置"（default setting）后，我们需要用理性给自己建立更好的生活准则：多补充蔬果类食物，在情感上更加自律（提升与恋人/配偶之间的亲密感、选择社交圈、增加心理暗示等），避免容易让人上瘾的感官刺激。

◇ 高频警示、隔离场景、外部监督、寻找替代品这四种方法，可以帮助我们改掉不良习惯。

◇ 提升自己延迟享受的能力（自制力），通过视觉想象的方法让自己关注长期的收益和成果，能帮助自己抵制当前的诱惑。

第三章

改变"痛苦回路"

真正的自律，其本质一定是"不用自律"，而实现这种自律的秘诀就是，找到或培养出对自己有益的"甜点"。

　　汤姆·蒂尔尼（Tom Tierney）从哈佛大学商学院毕业之后，获得了贝恩咨询公司（Bain & Company）的工作机会。当时他26岁，与所有雄心勃勃、刚刚从商学院毕业的年轻人一样，准备在新的平台上大展身手。但是在第一年的考评当中，他被告知，在与自己同年被雇用的25名新同事中，他排在最后一位。

　　然而3年之后，蒂尔尼在29岁的年纪就晋升为贝恩公司的合伙人，创造了公司纪录。并且在贝恩公司服务12年之后，他接替米特罗姆尼（Mitt Romney，2012年美国总统候选人）担任了贝恩公司的首席执行官。

　　在谈到如何分配时间，更好地实现自我管理时，蒂尔尼强调他创造了一种叫作"磁铁"的工具：把对自己的承诺当作吸引力强大的"磁铁"，一旦有了决定就会被其牢牢吸住直至完成。蒂尔尼给自己的第一个"磁铁"就是"每天早上锻炼身体"[1]。

真正的自律从来都是"不自律"

如果问身边的人，"应该做（对自己有益）但一直没有足够动力去做的事情有哪些"，你会发现大部分答案都集中于两个领域：运动健康和知识成长（看书、参加学习培训等）。

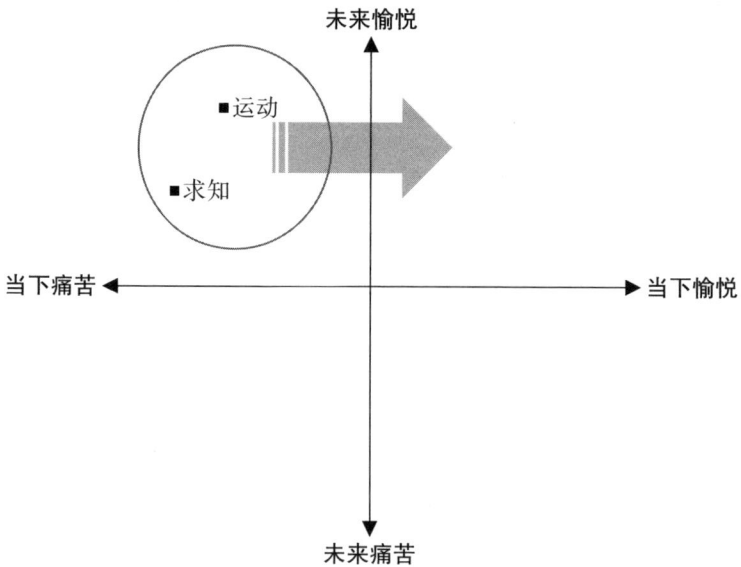

图3-1　关注A区域

一些朋友在谈到坚持运动、持续学习时，感叹道："这得多么自律的人才能做到呀！"言下之意就是，"这太痛苦了，我做不到"。

真正的自律，其本质一定是"不用自律"。同一种自律的行为（比如坚持早上跑步或者健身），对有的人来说是一种痛苦，对有的人则是一种享受。对习惯并且喜欢运动的人来说，这其实是一种享受，其"自发"因素远超过"自律"因素。本章将告诉大家的是，如何将这种痛苦的"自律"变成习惯性的"自发"和"享受"。

掌握自律的秘诀

自律通常被解释为"自我约束"。假设某家企业要求员工早上8点上班，一个员工坚持每天8点之前就到办公室，人们会说他"自律"吗？不会，这只是遵守了外界的某种要求而已，最多可以称之为"他律"。再假设某人很喜欢吃甜点，每天上班的时候都会给自己买一份甜点吃，人们会说他"自律"吗？恐怕也不会。

我们再看这样一个场景：假设一个人在没有任何外部要求的情况下坚持每天早起跑步（没有任何规定，也不是因为医生的劝告），这是一种自律吗？相信大部分人都认为是。但我们仔细思考一下，没有任何外部规定、激励或者劝导，一个人不断去做一件事，他真的会认为这是一种"自我约束"吗？对其更合理的解释是，这个人非常享受这件事或者认同这件事的意义，能从中获得生理或心理上的享受。这与前文某人坚持每天享受一份甜点的例子的本质其实是一样的。

所以说，真正的自律，其本质一定是"不用自律"，而实现这种自律的秘诀就是，找到或者培养出对自己有益的"甜点"。

▶▶▶

在第二章中我们了解到，在原始社会，人类在非必需场合（不需要狩

猎、对抗野兽袭击等）会尽量节省体能，这种本能经过多年进化已经变成
人类普遍的天性。如今的人们在没有多
巴胺刺激的情况下会倾向于慵懒地休息，
而不是主动去运动。

真正的自律，其本质一定是"不用自律"。

进入后工业化时代后，人们面临的困难早已不是如何保持体力，而是如何更好地运动并且提升体能。尽管基因会让我们倾向于懒洋洋地休息，但运动本身能让人释放更多的多巴胺和内啡肽，激发人脑中的愉悦感回路，并降低人们的压力和抑郁状态[2]。正是这种机制让人们对运动产生了习惯和"上瘾"的感觉，这也是为什么很多健身爱好者，无论刮风下雨都会去健身房挥洒汗水的原因。而不热爱运动的人，没有体会过运动释放多巴胺带来的愉悦感，因此，对他们来说，最关键的问题是如何释放出这种多巴胺，让自己逐渐喜欢并且习惯运动，之后就不会视之为痛苦了。

■ 培养运动爱好的方法

年龄越大，生活习惯越来越固定，培养新的爱好越难，尤其是运动这种看似辛苦、耗费体力的爱好。因此，人们首先需要从观念上认识到运动的价值和重要性。

随着年龄的增长，人们患心脏病、高血压甚至癌症等疾病的风险越来越高。一些运动健身类网站、公众号经常展示某些运动达人由于热爱运动而青春常驻、健康无比。但也有媒体报道，某些运动达人年纪轻轻就罹患绝症，不幸离世。于是有人感慨"生死有命，运动也不一定能有帮助"。

我们究竟该如何看待这些讨论？运动对健康的帮助到底有多大？面对

不同的声音，我们必须明白一个原则：个案不足以说明问题，来自专业机构的实证研究与统计分析才更具可信度。

人们过了25岁或者30岁之后，心脏的供血能力开始下降，一名65岁的健康人的心脏供血能力只有25岁的健康人的一半。此外，人的血管在中年之后开始变得僵硬，血液黏稠度升高（心脏"泵"血的效果进一步降低）[3]，这也是中老年人更容易患高血压、中风等心脑血管疾病的原因。那么，慵懒的和运动的生活方式分别会带来怎样的影响呢？

得克萨斯大学西南医学院（University of Texas Southwestern Medical School）曾经做过一项实验：邀请5位年轻的志愿者连续3个星期躺在床上休息（没有任何任务，躺在床上自由地看书、看电视都行）。3周之后，5名试验者都出现了"静止心率上升，血管收缩压上升，心脏供血能力降低"的情况[4]。

位于美国明尼苏达州的梅奥医学中心（Mayo clinic）在另一个实验中，将72名健康、习惯久坐的人分成不同的小组：第一组只做重量训练，每周两次；第二组做高强度、间歇性的有氧训练（踩单车，奋力踩4分钟，然后休息3分钟，如此循环4组），每周3次，此外也做一些中度的训练，比如在跑步机上跑步；第三组做中度的有氧训练（一般强度的踩单车，每次30分钟），每周5次，此外也做一些轻度的力量训练。

12周后，相对于控制组（不做任何训练），以上3组实验参与者的健康状态都出现了积极的变化。第一组的肌肉量和强度都得到了增强；第二、三组的心脏供血能力得到了加强，其中老年实验者的效果比年轻实验者的效果更明显；而第二组（高强度、间歇性的训练）参与者的效果更为明显，肌肉线粒体增多，骨骼肌的基因表达得到了增强[5]。

以上研究显示，慵懒的生活状态会增加疾病风险，而运动（尤其是高强度、间歇性）能帮助我们增强心脏、肌肉的功能，降低疾病风险。

为了将来的健康（还有自己的钱包），我们还是尽早迈开步子吧。在此我介绍几种培养运动爱好的方法。

寻找自己喜欢的运动。我们可以选择的运动种类众多，一个有效培养运动爱好的方法就是寻找自己喜欢的项目：骑车、游泳、慢跑、爬山、太极、瑜伽、壁球、高尔夫、击剑、健身……有人喜欢安静一些的运动，比如瑜伽；有人则更享受对抗性更强的项目，比如各种球类。如果你没有特别中意的项目，让自己每个月尝试一种新的运动，比如报名参加某个课程或者邀请朋友一起体验某种运动。在互联网时代，各种运动场馆都会在网上做多种形式的体验和促销活动，我们很容易寻找到有趣的运动项目，而这种发现、尝试的过程本身就充满乐趣。

报名课程。当寻找到自己喜欢（至少不排斥）的运动时，如果担心自己缺少耐心坚持，那么请立即报名一个培训课程。这样自己会更有动力去克服可能出现的懒惰情绪。最好选择固定时间的课程（比如每周三、周六的晚上上课），而不要选择自主安排上课时间的课程模式。有一些私人教练课程会给学员灵活的时间安排，可是一旦学员偷懒或者缺乏动力，下一次课可能永远就是遥遥无期。

与朋友一起运动。这是我认为所有的运动建议中最为有效的一条。我的很多运动爱好都是在朋友们的帮助下建立起来的。与朋友一起运动不会感觉孤单，在过程中还可以互相指导、交流经验，此外还有一个互相监督、激励的效果。我们仔细观察那些热爱运动的人就会发现，他们身边一定有同样热爱运动的朋友，大家在一起运动的过程中能进一步加深友谊。

轻度起步，逐渐加量。较少运动的人，在开始某项运动之前最好进行一次身体检查（心肺功能、血压状态等），避免因选择不适合自己的运动而带来的伤病风险。在刚刚开始运动的时候最好选择轻度、难度小的项目，比如慢跑或者小重量的器械训练，习惯一定的强度后再逐渐加大负荷。在更大的负荷下，身体会发出"需要更大的力量，需要更多的氧气，请增加血液供应量"的信号，于是心跳加速，整个心脑血管系统的功能得到加强。增加训练强度时，最好有教练或者朋友在一旁保护。此外，在运动过程中务必及时补充水分，运动前的热身及运动后的放松也尤其重要。

借助工具，创造乐趣。随着科技的发展，现在也有更多工具帮助人们把枯燥的运动项目变得更有趣味。比如，有一个跑步App软件，模拟有僵尸在背后追逐的场景[6]。你在跑步的时候戴上耳机，软件会告诉你僵尸离你还有多远，什么时候你该加速。通过这些情节来控制你的训练节奏。此外，每次跑步还能设定一些任务，比如寻找某个据点等。借助这种工具，运动会变得更像游戏，也更具有社交属性（现在很多跑步App都增加了路线跟踪和分享功能，目的也是鼓励用户进行社交分享）。

理想的运动项目能让人在力量、心肺功能、柔韧性、平衡性等多方面都得到锻炼，所以不要只针对某一个身体部位集中训练，可以尝试多种方式，尽量运动到全身。此外，当我们对某一种运动产生好感，能够坚持之后，就可以开始培养另一种运动爱好，从而交替进行多种运动。

我的一位亲人，在40多岁的时候开始培养运动的习惯。他首先选择游泳，之后坚持每天跑步上下班（单程半个小时，往返每天跑步1个小时），再后来除了游泳、跑步还开始打网球。经过几年的训练，整个人的精神面貌焕然一新，到了50多岁的时候，他的体形、气色都恢复到了30岁时候的状态，人也变得更加开朗、健谈。所以，运动并不一定是年轻人的专利，中老年人也可以找到适合自己的运动方式，从而帮助自己获得更健康的身体、更加阳光的心态，甚至更好的记忆力。

伊利诺伊大学的一项研究显示，运动能显著增强人的短时记忆。研究者发现，每周3次、每次45分钟的运动，可以增加人脑中海马体（hippocampus，负责长时记忆的存储转换和空间定向等功能）的体积，帮助人们获得更好的记忆力[7]。我身边有一些抱怨自己记忆力不好的朋友，很巧都是不爱运动的人[8]。你希望提升记忆力吗？很多保健品声称有此功效，但最好的灵丹妙药也许并不在药店，而在自家的后院或者健身房。

运动对戒烟帮助

很多人在尝试戒烟时会出现失眠或者注意力难以集中、免疫力下降等状况。停止吸烟后的第一个月往往是最难熬的，这期间很容易出现压抑、焦虑的情绪，甚至体重也开始增加。很多戒烟者因此没能坚持住，很快又重新开始吸烟。

得克萨斯大学奥斯汀分校的一项研究显示，有规律地锻炼能有效帮助戒烟者应对焦虑和压抑所带来的症状，将成功戒烟的概率提升一倍以上[9]。

研究人员将参与戒烟的人群随机分为两组：第一组进行为期15周的运动干预，每周进行3次运动训练，每次25分钟，中高强度（心率达到参与者最高心率的77%—88%）；另一组则参与为期15周的健康知识培训、健康生活方式的讨论等活动。

在干预活动结束半年后，跟踪研究显示，运动组有23%的人保持戒烟状态，而培训组只有10%的人保持戒烟状态。

▶▶▶

■ 建立过程记录

在培养运动爱好的过程中，我们可以记录下自己的运动经历，放置到容易看到的地方，这种记录是激励人们保持运动的有效手段。

以下是以游泳为例的习惯培养记录（表3-1）。前文我们提到，伦敦大学学院的研究显示，建立一个新习惯平均需要66天的时间。而对于运动，我们用这样的追踪表格，坚持记录2—3个月，在这个过程中可以看到自己的进步和提升（比如单次能够完成的游泳距离变得越来越长，或者速度越来越快）。这种看得见的进步会进一步提升我们坚持下去的信心。

表3-1 运动习惯培养记录

序号	日期	游泳距离	时间
1	5月2日	300米	15分钟
2	5月3日	350米	18分钟
3	5月6日	350米	18分钟
4	5月8日	500米	25分钟
5	5月9日	500米	24分钟
……	……	……	……

对每一种运动，我们都可以设立一到两个记录指标，如果对跑步、游泳，可以记录每次完成的距离和时间；如果在健身房进行器械训练，则可以记录负荷的重量或者每次完成动作的组数；如果进行球类运动，则可记录每次训练的时间或者准确率等。我们不用记录得多么精确，重要的是让自己感受到运动的持续性，以及自己能力的提升（偶尔的下降也不要紧，

只要整体趋势是向上的即可）。

除了这种表格，还有一种方法就是直接使用空白较多的日历本，把自己每天完成的运动量记录下来（图3-2）。保持每周进行至少3次训练，当连续3个月将这样的日历写满时，相信我们已经离不开这项运动了。

周一	周二	周三	周四	周五	周六	周日
		1 300米	2 ——	3 300米	4 300米	5
6 500米	7 400米	8 500米	9	10	11	12
13	14	15	16	17	18	19
20	21	22	23	24	25	26
27	28	29	30			

图3-2 用日历本做运动记录举例

通过有效使用日历本，还可以帮助我们在其他方面建立好的习惯，具体方法参见本书第84页"宋飞方法（Seinfeld Strategy）"。

理想的假期长度

■ 休假的价值

你是否曾经为了参加某个好玩的运动项目而连续请好几天年假？

对身边不少朋友来说，这个问题让人感到惊讶甚至显得讽刺：对大部分职业人士来说，连探亲、旅行的假期都不够，哪还有假期专门去运动！

的确，很多企业对员工的假期都比较吝啬，缺少休假的惯例，再加上繁重的工作任务，使得员工休假成了一种奢侈品。领导担心自己一离开公司就会出现问题，不愿休假；员工担心给老板留下不好的印象，不敢休假，甚至不得不以"不休假""年假从来用不满"表"忠心"和"努力"。似乎很多人都抱有一种假设：一旦休假，工作就会出现状况，职业生涯就会遇阻，甚至企业发展就会遇到麻烦。

我在英国工作的时候，身边不少同事及当地的同学，每年元旦前后，他们经常请好几天假，去瑞士或者奥地利滑雪一整个星期。英特尔公司的创始人之一、前CEO安迪·格鲁夫（Andrew S. Grove）在其著作中提到，到了该休假的时间，他计划"在山里待一个月，除了滑雪之外再写一本书"[10]。

对英特尔这样的企业，CEO去深山里待上一个月，大家都觉得正常，企业也没有因此出现问题。可见大部分人对休假的担心是多余的。讽刺的是，如今的职业人士通常都承受着相当大的工作压力，极少有机会让自己放松，当遇到突发的疾病（比如心脏病）时才不得不休假（大量的研究显示，高压力会带来心脏病等多种疾病风险[11]）。我们宁可把假期留给重症，而不愿主动地放松。等到因为疾病而住院时才发现，自己休假，企业好像也没出问题……

压力与焦虑带来的疾病风险

多项研究表明，持续高压力会增加重大疾病的风险。迈阿密大学的心理学教授尼尔·施奈德曼（Neil Schneiderman）指出，随着年龄增长，人们在面对严重的压力时，如果缺少心理支持或者应对压力技巧，会引发不同程度的健康问题[12]。

而心理压力与心脑血管疾病、糖尿病、上呼吸道疾病等具有显著相关性[13]。卡内基梅隆大学的一项研究显示，压力改变人体内皮质醇（cortisol）对炎症的控制反应，从而引发心脏病等疾病风险[14]。

▶ ▶ ▶

当我们发现自己较长时间都处于焦虑压抑的状态时，切忌用"压力等于动力"来自我麻痹，务必及时干预。除了心理咨询，有一个更为简单的方法，就是让自己从压力的环境中抽离，彻底地放松、补充能量。这正是国际上众多巨头公司、科技企业重视休假的原因。《哈佛商业评论》杂志对此专门刊载了一篇文章，指导高工作压力行业（金融、高科技等）的管理者如何更好地指导员工休假[15]。

■ 更好享受假期的策略

荷兰拉德堡德大学（Radboud University Nijmegen）的研究发现，当人们开始休假后，健康水平和幸福感（health and well-being）会迅速提升，到第8天前后达到峰值[16]；8天过后，健康水平和幸福感反而有可能降低。在该研究中，假期开始前、休假期间及假期结束后一个月，参与者的健康与幸福感的变化情况见图3–3。

不难看出，一次理想的假期至少得有8天。

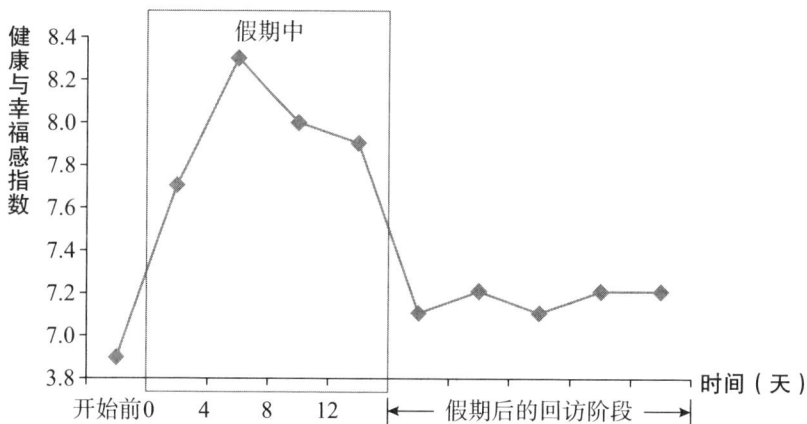

图3-3 假期之前、期间及之后的健康与舒适状态的变化

职业网站Monster对数千人进行了一次调研——统计人们通常需要多久的假期彻底放松（to unwind），结果显示，人们平均需要4.35天的假期才能彻底进入放松状态[17]。

为什么仅靠周末双休无法实现彻底放松呢？因为人们通常需要1天的时间来进入"假期模式"，第二天才开始真正放松。在普通的双休日，往往周日才刚刚进入休假状态，但此时又会意识到"明天要上班"，于是，原本的放松状态被叫停，情绪很快又开始变得紧张起来。

人们在休假开始后，健康及舒适状态迅速提升，到第8天前后达到最高值。

或许8天以上的假期对很多人而言可望而不可即，但若想真正科学地利用"休假"，保持身心的适应力和调节力，不妨至少给自己安排4天假期，让自己充分放松。一个理想的安排是每个季度享受一次至少4天的假期（即便全年只有5—6天年假也能实现）。尤其是当发现自己处于持续的高压工作状态达1个月以上时，请及时进行干预调整，请两天假，再连上一个周末，让自己彻底放松一下。

此外，相对单纯的宅居、逛街，运动能帮助我们更快进入放松状态。一方面，运动有助于缓解疲劳，提升愉悦感（释放多巴胺）；另一方面，运动能帮助我们提升体能，强化心肺功能，强化肌肉的力量和耐力，这些都能更好地帮助我们应对高强度的学习和工作。不知道怎么安排带有运动属性的假期？以下小贴士供大家参考尝试。

- 冬季旅行：体验滑雪活动。
- 海滨城市：体验潜水、冲浪或者帆船等运动课程。
- 山地旅行：体验徒步、攀岩、登山等活动。
- 高尔夫球：很多旅行社或高尔夫社团提供高尔夫度假服务。在海外很多地方高尔夫的价格非常亲民，尤其是在澳洲、东南亚等地区（有时候去海外连续打3天的球加上住宿费用，比在国内某些地区打一次球的价格还要低）。

当然，无论在哪里休假，选择有健身房、游泳池的酒店，都不失为佳选。即便住一般的酒店或者住民宿，也可以通过户外慢跑等方式享受运动带来的放松和乐趣。

更好享受假期的策略

选择时机。在安排"周末＋两天假"的计划时，尽量选择一个不会被工作打扰的时段，如果假期中还需要来回处理各种工作事项，那无异于移动办公。如果你所在的企业整年都处于紧急状态，你连拥有两天不被打扰的机会都没有，那么是时候认真考虑一下换工作的事了（考虑高压力带来的各种疾病风险）。

尝试新事物。奥林匹克选手、演说家约翰·科伊尔（John Coyle）提到，对一个8岁小孩来说，假期显得很长很难忘，因为他/她在假期能做的一切活动几乎都是新的[18]。而对一个成年人来说，习惯了一切按照惯例进行，一个长假也几乎一晃而过。所以，为了让假期更加充实难忘，要多尝试新的项目与活动，千万不要只是将日常的生活重复4天，肥宅≠休假。

学会"外包"。假期是珍贵的时间段，如果将大量的假期时间用于各种家务，那就大大浪费了假期的价值。定期地外包清洁等家务，或者请家人帮忙照顾小孩几日，人们享受假期的自由度将大幅提升。即使不外出旅行，也可以购买"厨师上门"等服务，让自己有更多的自由时间享受假期。请记住，打破日常、切换状态，才是休假的正确打开方式。

▶ ▶ ▶

诺贝尔奖得主的求知乐趣

以上我们讲到了如何培养运动爱好，接下来看看另一类常见的D区域事项：学习与求知。人们获取知识的方式有很多种：看书、参与培训、向他人请教等，其中最为方便且可触及领域最广的方式要数阅读了。有的人可以一整天沉浸在阅读的快乐当中，而有的人则拿起书就想睡觉。

在中文里，"读书"这个词在很多时候等同于"上学考试"，比如，某个家长问另一个家长："你家小孩读书怎么样？"其实是在问"考试成绩如何"。对绝大多数人来说，上学考试恐怕是一个必要但远谈不上享受的事情。不知是否因为这个联想，大部分人听到"读书"都会出现回避状态。不知有多少人考完试或毕业后，就再也没有主动去找书看了。

但是，如果把读书定义为"获取新的信息或者知识"，那么我们对读书的态度可能就大不一样了。不论是看报纸、翻手机，还是找人聊天，都是在获取新的信息或知识。为了经验的获取及自我发展，读书（在此单纯指阅读纸质书或者电子书）并不是目的，获取新知才是目的。书籍作为信息载体，其整体质量更高，值得优先考虑（尽管时效性较弱，但是相对网络文章、口头传播的信息，书籍的信息质量与可信度更有保障）。巴菲特

（Warren Buffett）热爱阅读在商业界众人皆知；比尔·盖茨（Bill Gates）每年都会阅读大量的书籍，并且向公众推荐自己当年或者近期读过的最好书籍，为此还专门建立了一个网站（https://www.gatesnotes.com/Books），仅2018年的推荐书目上就有24本书[19]，2019年则做了好几次的阅读推荐；脸书（Facebook）的创始人扎克伯格（Mark Zuckerberg）也在自己的推文中写道："比起今天其他形式的媒体，书籍能让人更加全面地探索某一领域的知识，并且让人更加深入地沉浸其中。"[20]

除了书籍之外，培训学习、网络课程、与经验丰富的前辈沟通、参加行业研讨会，都是获取新知的有效手段。所以在自我发展的过程中，关键点是培养对知识的热爱，有了这种热爱，人们自然会主动去看书（以及其他学习方式），而不是逃避。

那么，如何培养人们对知识的兴趣？我所见过的最好的例子来自物理学家、诺贝尔物理学奖获得者——理查德·费曼（Richard Feynman）。

理查德·费曼（1918—1988）在他的著作中记录了他的父亲是如何在日常活动中激发他对各种学科知识的兴趣和好奇心的。这种对知识的热情贯穿费曼的一生，也成就了这位伟大的物理学家。

我们或许并不期望自己（或者自己的子女）成为顶尖物理学家，但是对比费曼的父亲和我们身边常见的父母，就能很快明白如何更好地让人们对知识产生兴趣。在这里，我们来看几个费曼在儿童时期和父亲互动的小故事[21]。

■ 用生活中的实物和比喻来介绍书本中的知识

我家里有一套《不列颠百科全书》。父亲常常让年幼的我坐在他腿上，给我念《不列颠百科全书》里的内容。比如，我们正在读关于恐龙的内容，读到霸王龙，里面的内容大概是这样的："这只恐龙有25英尺（7.62米）高，脑袋有6英尺（1.83米）宽。"

这时父亲会停下来说："来，让我们看看这句话是什么意思。也就是说，如果它站在我们家房前的院子里，一伸脖子就能够到窗户（当时我们在二楼）。但它的脑袋太大，没法从窗户探进来。"父亲给我念的每一段内容，都会想尽办法将其跟现实联系起来。

想象那样的庞然大物真是让人兴奋又深深着迷——而且这些巨兽都灭绝了，没人知道其灭绝的原因，因此我一点儿也不担心会突然有只恐龙真的从窗户探进头来。我从父亲那里学会了转换（to translate）：每当我读到任何内容时，都会想想其在现实中的意义，即那到底意味着什么。

■ 观察和推理比记住数据更为重要

我们以前常常去凯茨基尔山（Catskill Mountains），那是纽约人在夏天经常光顾的避暑胜地。在工作日，孩子们的父亲都在纽约工作，只有周末才过来。每到周末，我父亲会带我在树林里散步，给我讲树林里正在发生的趣事。其他孩子的母亲看到了，觉得这种活动很不错，便要求她们的丈夫也带孩子去散步。她们试图说服自己的丈夫也带孩子去散步，但起初完全说不动他们，于是这些母亲们便请求我的父亲带上所有的孩子。可父亲不愿意，因为只有我和他有着特殊的关系。最后，其他父亲没办法，也只好周末带着孩子们去散步。

等到周一，父亲们都回去工作了，我们这些小孩子们聚在一起玩。其中一个小孩对我说:"看到那只鸟了吗?那是什么鸟?"

我说:"我可一点都不知道那是什么鸟。"

他说:"那是棕喉鸫(Brown-throated Thrush)。你爸爸什么也没教你呀!"

事实正好相反。我父亲其实已经教过我:"看到那只鸟了吗?"他说,"那是斯氏莺(Spencer's Warbler)"(我很清楚,其实他并不知道正确的名字),"哦,在意大利它叫'查图拉皮提达(Ciutto Lapittida)';在葡萄牙,它叫'波姆达培达(Bom da Peida)';中文名字是'春兰鸫';日文名字则叫'卡塔诺·塔凯达(Katano Tekeda)'。即便你知道它在世界各地的叫法,可对这种鸟本身还是一无所知。你只是知道世界上有很多不同地方的人们,以及这些地方的人们是这么叫它的。所以我们还是来观察一下这只鸟吧,看看它在做什么——这才是真正有意义的。"(所以我很小就懂得,知道某个事物的名字与真正了解这一事物是两回事。)

他说:"比如说,你看,这只鸟不停地去啄自己的羽毛。你看到了吗?它一边走一边啄着羽毛。"

"嗯,是的。"

他说:"你觉得鸟儿为什么要啄自己的羽毛呢?"

我说:"嗯,可能它们飞的时候把羽毛弄乱了,所以要啄一啄,把羽毛理整齐。"

"好吧,"他说,"如果是那样,它们刚刚停下来的时候会啄得勤一些,而落地一段时间之后,就不会啄得那么勤了。你懂我的意思吧?"

"嗯。"

他说："让我们来看看它们是不是刚落地时啄得更勤一些。"

不难发现，鸟儿落地一段时间之后跟刚刚落地时相比，啄羽毛的频率并没有太大区别。

■ 从实验中发现新知

父亲还教育我多观察事物。一天，我正在玩"快递马车"，就是一辆带车斗的玩具马车，里面有一个球。当我拉动马车的时候，我留意到了球的运动方式。我找到父亲，说："爸爸，我发现了一件事，我拉动马车的时候，球会往后滚；而如果我拉着马车走着，忽然把马车停下来，球会往前滚。为什么会这样？"

"这个，可没人知道。"他说，"大体的规律是，运动中的物体趋向于保持运动，而静止的物体则趋向于保持静止，除非你用力推它们。人们称这种趋向性为'惯性'，但没人知道为什么会这样。"父亲告诉我的是更深入的理解。他不会仅仅告诉我一个科学概念的名称。

他接着说："如果你从侧面观察，会发现你拉动的车斗的尾部，小球相对于车斗有保持静止的趋势。可事实上，马车刚动起来时，摩擦力使得它相对于地面向前运动了一点儿。而不是向后运动。"

我跑回玩具马车旁边，把球重新摆好，然后拉动马车。从旁边观察，我发现父亲说的果然是对的。相对于地面，球确实往前移动了一点儿。

父亲教育我的方式就是这样，给出各种各样的实例，并加以讨论——毫无压力，只是愉快、有趣地讨论。这激励了我的一生，让我对所有的科学领域都饶有兴趣（只是碰巧在物理领域做得更出色一些）。

费曼的教学与学术成果

由于对知识的强烈兴趣与热爱，费曼很早就开始自学各种知识。在大约13岁的时候，费曼从《不列颠百科全书》中了解到微积分是很重要的学科，于是从图书馆借回有关微积分的图书开始自学。他觉得这些内容简单明了，并且开始讲解给他父亲听。

费曼从麻省理工学院毕业之后进入普林斯顿大学研究生院，并参与了研制原子弹的"曼哈顿计划"。1965年，费曼凭借在量子电动力学的成果而获得诺贝尔物理学奖。除了科研领域的成果，费曼的物理学教材《物理学讲义》（*The Feynman Lectures on Physics*）因为新颖的讲授方法和内容安排而大受欢迎，被翻译成10多种语言，仅英文版就出售了数百万册。

此外，费曼也是一个充满好奇心与幽默感的人，经常跟朋友搞恶作剧，其回忆录《别逗了，费曼先生》（*Surely You're Joking, Mr. Feynman*）在世界各地畅销不衰。

▶ ▶ ▶

增加求知动力

求知其实也是一种运动——脑力的运动。这里的知识不仅仅指课本知识，还包括各种实践知识，比如烘焙、绘画、表演、解决工作中具体问题的技能等。无论是为了职业发展，还是为处理生活中的实际问题，不断增加自己的知识储备无疑能帮我们获得更丰富的人生体验。

此外，神经科学家发现学习新的知识和技能是保持大脑健康甚至进一步发展的有效手段。社会上流传一些说法认为，人到了18岁（或者20岁、25岁）大脑就停止发育了。最新的研究发现，人到了30岁以后大脑仍在继续发展[22]，即使是老年人，学习（具有一定挑战和难度）新知识也能加强脑神经细胞的连接，提升记忆力[23]。所以，无论在什么年龄段，我们都可以通过求知来提升自己的思维能力。以下是帮助我们培养求知动力、更好享受求知乐趣的方法。

■ 享受知识的成果

学以致用，我们就能更好地体会知识的价值。列出自己希望学习的知识，以及这些知识在哪些方面能够得到应用。比如：

学习营养学。通过合理的营养搭配，我们可以为家人、子女准备更有营养的早餐。此外，在工作、休闲的场合，具备一定营养学知识也能帮助同事、朋友选择更加健康的食物，自己也能吃得更加健康。

学习运动生理学。学习运动生理学的知识可以让我们的健身训练更加有效，了解新陈代谢的知识，结合运动与膳食补充，能够帮助我们获得更加强健的身体。

学习一门新的外语（或者复习一门快忘掉的外语）。学习外语可以更好地享受外语原版书籍和电影，外出旅行时更会获得莫大的帮助。医学博士安德鲁·韦尔（Andrew Weil）指出，学习一门新的语言可以有效防止失忆等因衰老带来的疾病。人们不用彻底掌握这门外语，学习过程的本身就相当于用我们大脑去运行新的程序，让脑力得到加强[24]。很多人在学生时代花了不少时间学习某门外语，但工作以后就逐渐淡忘了。找时间把学过的外语重新"捡回来"，能获得不一样的体验。

学习一种乐器。学习乐器演奏是一个充满乐趣的活动。很多人认为其难度太大望而却步。其实乐器入门并不难，一旦入门（掌握基本的乐理和动作规范）之后，我们就可以通过训练得到不断提升。除了常见的钢琴、吉他、小提琴，还有很多种乐器可供选择，比如竖笛、口琴、尤克里里、陶笛等。学习一种乐器，在节日、朋友聚会或者婚礼上进行一番演奏，将会是非常棒的体验。

学习书法或者绘画。随着电脑越来越普及、功能更加强大，人们已经越来越少用手来写画了。正因为此，手写（手绘）的东西在这个时代更显珍贵。学习书法不仅可以增加个人修养，还可以将漂亮的手写贺卡或者邀请函当作礼物赠送给朋友，比如旅行归来，发给亲人朋友的不是电子照片，而是一张手绘图，他们一定会更加珍惜、喜欢。

■ 利用多种模式

随着科技的发展，我们对学习方式也有了更多的选择。除了自己看书，还可以通过有声书、一对一的教学视频、线下培训班、网络公开课、互助学习小组等多种方式来学习。

每个人擅长的学习方式不同，有的人阅读速度快，吸收知识的能力很强，而有的人则更擅长用听的方式来学习。所以了解自己擅长的学习方式尤为重要。此外，现代人的工作更加繁忙，需要灵活运用不同的学习方式来提升学习效率。比如，在通勤的时间，利用有声书来学习外语就是一个高效的手段。此外，每次独自吃饭的时候看自己喜欢的网络公开课，也是一种有效利用时间的方式。

只要我们不以繁忙为拒绝的理由，总能找到合适的途径和方法实现更好的学习效果。脸书的创始人扎克伯格要求自己每年学一个新的技能，比如外语。在脸书的总部有来自世界各国的员工，可以帮助扎克伯格进行外语对话的训练。此外，他还会争取每两周读一本书，以此来了解世界上不同的文化、历史、理念与技术的发展[25]。相信很少有人的工作繁忙程度会超过全球最大社交网站的创始人。所以重要的是，找到适合自己的学习模式，高效地利用时间。

■ 利用外部约束

对自制力不够强大的人来说，自我学习的效果通常比较糟糕，身体稍稍感觉不舒服或者有其他事情，马上就把学习计划推后；每次学习一会儿就开始分心、走神，思考或者干别的事情，尤其是在智能手机非常发达的年代。

如果你也有类似的困扰，那么通过公共培训课的方式来学习效果可能更好。对外部培训，我们不可能随便改时间或者取消，利用这种外部约束机制（时间、频次）可以保证自己的参与度。

我有一个朋友，很早就计划考CFA（注册金融分析师），并且决定通过自己复习来备考。但是前后一年多，他始终没有跨过复习资料的第一章。最后在一个培训机构报了班，学习计划才终于开始了（培训的价格不菲，因此更有动力坚持每期上课）。因此，当自我驱动力有限的时候，可以借助外部的力量逼着自己行动起来。

■ 设立阶段成果

很多年以前，我第一次参加全程的马拉松比赛。在赛前的训练阶段，我的好朋友兼教练梁沛然带着我沿着正式比赛的路线进行训练，提前熟悉路线，并且告诉我每隔3—5千米选择一个标志性的建筑，到了比赛的时候，不要想着最后的终点，只专注下一个标志性建筑即可。

在训练中我们找好一个个标志。在正式比赛时我按照这个方法，完全没有觉得痛苦或者艰辛。这是我第一次连续跑完40多千米，但其实整个过程就是完成了一个个小任务。

这个经历让我明白，当要完成一个长期任务或者学习一种新的技能（尤其过程漫长）时，我们需要学会设立多个阶段成果，避免因为漫长的过程而失去信心。一个理想的做法是，选择一个1—2个月内可以实现的目标作为阶段成果，它不会太快就能实现，但也不至于太难。比如，学习演奏一种乐器，可以把连贯演奏前10个小节作为阶段目标，之后的目标是演奏20个小节，再往后的目标是演奏一首完整的简单曲目。如果学习新的外语，可以将阅读完一篇儿童读物或者能够完整听懂一首外文歌曲作为阶段目标，然后是阅读完第二篇文章、听懂第二首歌曲。这种阶段性的成果既是一种激励，也能作为我们衡量自己是否进步的标准。

启动成本的秘密

假设你已经有了某个学习（或者运动）的目标，并充分认识到了其价值，也找到了适合自己学习（或者运动）的方式，但可能还有一个问题一直困扰着你：难以迈出第一步或者尝试一两次以后就失去了动力。遇到这种情况时我们可以从启动成本（set-up cost）入手。

■ 什么是启动成本

我们常常见到很多专业人士的办公间极其混乱，而他们却能在混乱的环境中高效地工作，可以像变魔术一样随时从中找到自己想要的东西。

习惯上人们认为"简洁、有条不紊"才能带来高效，然而奇怪的是，很多大师们常常在混乱的环境中工作，但依旧产出颇丰。这种现象其实隐藏了一个重要的概念，也是影响很多人工作效率的巨大障碍，就是set-up cost，即启动成本。管理好启动成本，能让我们更迅速地开展行动，学习和工作的效率也将成倍地提升。

当你想练习书法时，在开始练习之前，你需要拿出宣纸，找到一个宽敞的台面（书桌）铺整好，再准备砚盘、墨水，把毛笔放在清水中散开……经过一系列的准备之后，才能开始写字。当你准备画水彩或者油画时，要准备画架，拿出颜料和调色盘，调配各种颜色……

这种为了有效展开一个事项而做的各种准备所需要的成本，就是启动成本。有时候如果启动成本很高，人们可能就不愿去做了。比如，当你准备去健身时，得换衣服换鞋，甚至得准备护具，如果住的地方离健身房稍远一点，还得花20多分钟在路上……一想到这么多麻烦，"那还是别去了吧"，自己就打了退堂鼓。

几年前我开始关注生活、工作中各种事项的启动成本，某次无意间看到一些投资人和设计师朋友的办公空间非常杂乱，突然明白这种"看起来的杂乱"正是降低启动成本的有效方法。每当他们产生灵感或者想到某个问题的解决思路时，可以随时翻开手边的文件，随手拿起工具或者草稿本开始记录。

而一旦工作完，也不用考虑把各种文件都归类整理好，等有下一个新想法的时候，可以随时开始记录。在这种工作方式下，把有价值的时间都放到了工作与创作本身，根本不需要前期的启动准备（set up），也不需要完成之后的收拾和整理（pack up）。此外，某些类型的灵感常常是"一显而过"，等人们准备好工具和材料，灵感可能就过去了。

所以，努力降低启动成本，不仅能帮助我们在犹豫不决时有效展开行动，更是帮我们提高效率、做出成果的重要方法。

■ 如何降低启动成本

图3-4是一个用来降低启动成本的思考模型。要想展开真正的工作，首先要完成条件1，然后完成条件2……一系列准备环节完成之后才能开始。沿着这个模型思考，针对不同的步骤我们可以得到几种不同降低启动

成本的方法。

图3-4 降低启动成本模型

将条件常态化

在高档酒店，服务员会将吹风机折叠好，绕好线，然后用精美的袋子装起来，放到梳妆柜里面。客人想用时，往往需要像寻宝一样先搜查吹风机"藏在哪个抽屉里"。而在普通的商务酒店，吹风机通常被挂在墙上（有一个凹槽或者固定的挂钩），虽然不那么美观，但客人随时拿起来就可使用。

上述的后一种情况，将绕线、解线、收纳等环节常态化，就不用每次重复同样的准备工作了。虽然每次只省去一两分钟，但对于每天在家使用吹风机的人来说，累计起来仍会节省大量的时间。

在学习和工作当中，我们也能借鉴类似的思路来降低启动成本。管理学者大前研一先生提到，他的书桌是"冂"字形，分为左、前、右三段。这三段分别用于思考和写作、存放资料、电脑办公[26]。这么分段之后，就避免了在不同的工作内容上来回转换、收纳整理。

我自己在家里准备了两张办公桌，一张用于处理"固定工作"（高频次）：与我日常工作相关的材料，比如科技互联网领域的各种资料等，是长期放在这个桌上、很少清理的；而另一张办公桌则用于处理"casual工作"（低频次工作）：可能用来画画或者看历史类书籍等。通过这样的分类来固定自己的工作环境，避免了每次展开固定工作前的收纳整理环节。

减少中间环节

人们在开始运动之前往往需要很多准备环节：换衣服、去健身房（或某种训练场）、打卡登记……我本人喜欢健身，天气不好的时候，也确实不想出门，于是在自己家里放置了一套小型的健身器材。这样即使只有碎片化的空余时间，也能在家里很方便地随时启动，将运动前的准备环节（启动成本）降到几乎为零，锻炼的频次也得到大幅提升。

改变工作的空间（本地化）是减少中间环节（交通、出门前的准备等）的有效方法。我有一位喜欢绘画的朋友，由于家里接待客人的机会并不多，他就把客厅里的沙发、茶几等常见设置都撤掉，然后放上画架。通过把画室"搬到客厅"，他练习绘画的时间一下子多了起来。

改变工作方式

一个工作所需的准备环节，很大程度上取决于执行该工作的方式。稍稍改变一下工作的方式或者条件，前期的启动成本也许就能大幅减少。一位朋友的日常工作需要做大量的客户访谈，做面对面访谈，且不说路上所需要时间多少，单是约时间、协调访谈地点就需要花费大量的精力。后来除了最重要的客户之外，他将其余的访谈全部采用电话或者视频的方式进行，使整个工作的进程大幅加快。

学习过毛笔书法的朋友都知道写字之前有不少准备工序。数年前，市场上开始流行一种"水写毛笔"的产品，不用宣纸，也不用墨水，拿毛笔蘸清水就可以在一种特质的纸上练习书法，而且这种纸干了之后可以重复使用。很多专业人士认为这种产品对书法训练没有帮助，但是对玩票型的爱好者来说，这种方式练习无疑节省了大量的时间。

■ 标注出重要工作的启动成本

以上介绍了降低启动成本的三种方法。如果我们在学习、工作或者运动领域发现某些项目因为启动成本太高而对其敬而远之，那么不妨把这些事项的启动成本标注出来，然后用上面的方式来分析：

- 哪些启动准备（set up）的环节可以常态化？
- 哪些环节可以去掉？
- 这件事换一种方式来做是否也能起到类似的效果？

此外，与启动成本相对，还有一个概念叫作收尾成本（pack-up cost），指的是事情完成之后，展开收尾工作的成本。如果能够有效省去收尾成本，也就省去了下一次开启时的启动成本。

管理令人难受的应酬

"我很讨厌工作上的应酬！"工作以后人们可能经常会有类似的抱怨，"与朋友们聚会自然开心惬意，但对工作上的聚会或者商务宴请则内心厌倦，还不得不强颜欢笑，实在是令人难受。"

在"人生行动坐标图"的左上角，除了求知和运动，还有一个常见的事项就是应酬。人们知道某些应酬对未来的业务或职业发展有帮助，但当下实在不喜欢，甚至对这些应酬感到难受。更何况，过量饮酒会给身体造成极大的伤害甚至危及生命，在酒桌上"搏前程"未必就是一个肯吃苦就能有收获的买卖。

在此，我们不讨论这类工作应酬的意义和必要性，只是从个人层面来分析，如果你碰巧也很厌恶这种应酬场合，而工作上又需要，那么你该如何应对呢？对此，我们可以从四个方面来考虑，即转换工作方向、管理应酬需求、选择客户线和安排配合人员。以下我们分别展开介绍。

■ 转换工作方向

有的人天生喜欢应酬，而有的人可能开始不习惯，但是一段时间之后也能乐在其中。如何判断一个人是否能习惯这种状态呢？一个简单的测试是：如果你处于经常应酬的状态，持续一年还不习惯，那么你可能确实不适合这种工作状态，不如尽早转换方向。

换行业并不容易，我们不能奢望有了这个想法第二天就能转行。重要的是进行规划和准备：希望进入哪个职业方向？有哪些知识和经验门槛？如何展开行动？

下图提供了一个职业转换的准备步骤模型。

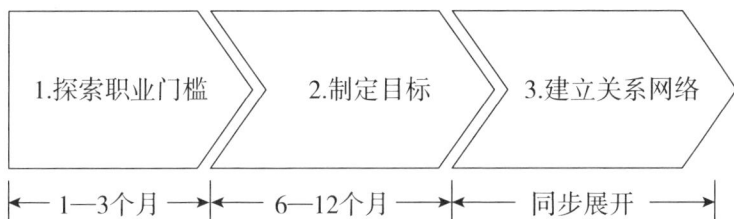

图3-5 职业转换的准备步骤

第一步，探索职业门槛（以及工作内容）。考察某个目标职业需要什么样的资质和经验，以及自己是否喜欢这个职业的具体工作内容、环境。在这个阶段，最好获取一些基本的行业知识或者技能，之后更容易判断自己是否喜欢、能否胜任。如果在入门学习的过程中发现自己不喜欢这项工作内容（比如会计领域的成本核算、编制报表等），那么就尽早开始探索下一个方向。

第二步，制订目标。针对自己喜欢的职业，制订一个短期目标，通常包含技能层面及资质层面（比如希望从事基金投资工作，必须要通过基金从业资格考试）。如果需要系统性的学习，那么制订一个计划，每天拿出一小时的时间进行学习；如果需要参加相应的资格考试，则可以选择周末或者假期等适合自己时间的培训课，让自己一年之内考取相关的证书。现在网络课程极其丰富，学习方式更便捷，时间成本也大幅降低。

第三步，建立关系网络，拓展职业机会。这一步可以与前序阶段并行展开。我们可以在公司内部、外部寻找相关的机会：公司内部不同的部门也许能提供更好的工作机会；而在外部，探索身边哪些朋友、校友、以前的同事在相关领域工作，哪些人可能提供该领域的职业机会，然后与之积极地建立联系。有了这些准备后，当新的工作机会出现时，你就更有可能第一时间知道。

■ 管理应酬需求

如果短期内没法改变自己的职业方向，那么我们可以简单地借助80/20原则，减少应酬需求。比如，重点维护产出贡献最高的客户，这样可以将不必要的应酬减少80%。

图3-6是"客户贡献分析图"。我们可以将客户过去一段时间内贡献的销售额或者利润额（取决于当前的考核指标）从大到小排列，努力维护好约20%的头部客户的关系，减少与约80%的尾部客户的相关应酬。

除了客户的收入或利润贡献额，我们还可以考虑客户的增速情况，从两个维度来分析，如图3-7是"客户的业务贡献与增长分析图"。对那些贡献较高且增速快的客户，也就是图3-6中的左上角客户，重点维护。

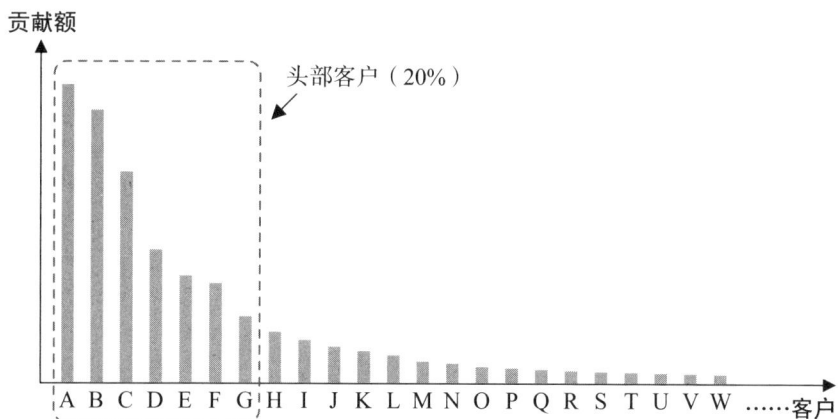

图3-6 客户贡献分析图示例

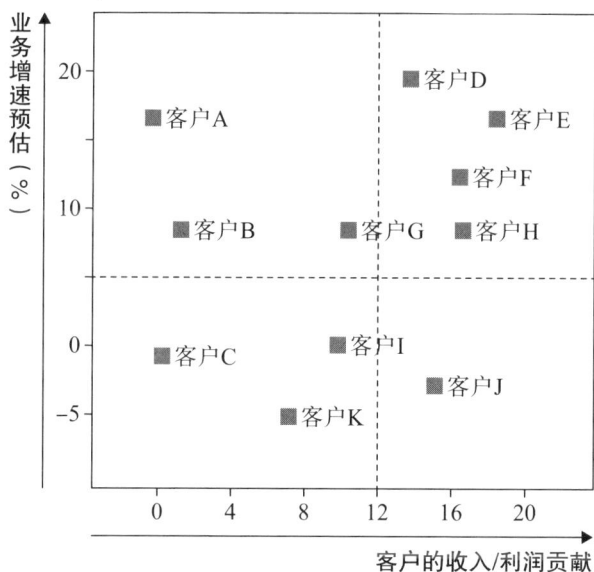

图3-7 客户的业务贡献与增长分析图

■ 选择客户线

上面我们讲到如何通过分析不同客户的收入和增长贡献来管理自

己的应酬需求。此外，我们还可以选择客户的行业。即使在同一家公司，负责同一类产品，不同行业客户群体的应酬需求及应酬风格也大不一样。

一名经常参与应酬的朋友认为，与地产行业的客户应酬非常难受，各种应酬活动常常让他精疲力竭。但是与教育领域（比如高校、教育管理机构）的客户打交道则舒服得多。

所以，了解不同行业客户的整体风格，然后选择不同的客户线，可以有效降低应酬的痛苦程度。

■ 交给配合人员

前面我们提到，对于商务应酬，有的人擅长甚至乐在其中，有的人则备感痛苦。如果到了管理岗位，则可以招聘更加擅长商务应酬的人员作为配合。但是千万不能因为自己级别高，就把一切都推给下属。

最后一个简单的忠告：人构成了商务环境，而这个环境也能改变人。如果你不喜欢这个环境，或者不愿意成为在这个环境中如鱼得水的那种人，那么还是早日规划、早日离开。让自己保持学习求知的状态、不断加强专业技能（以及身体素质），总能在其他领域找到更好的机会。所以说，要多运动，不断求知。

本章总结 SUMMARY

◇ 运动能让身体释放更多的多巴胺，激发人们大脑中的愉悦感回路，并且降低人的压力和抑郁状态。缺少运动习惯的人可以通过尝试多种不同的运动项目、报名培训课程、与朋友一同运动、借用工具等方式，培养自己的运动爱好。

◇ 真正的自律，其本质一定是"不用自律"。做到这种自律的秘诀在于，找到或者培养出对自己生命（健康、学识、情感关系等各方面）有益的"甜点"。

◇ 长期处于高压的工作状态容易引发多种疾病。如果连续一个多月都处于高压状态，需要及时进行干预，比如通过休假让自己放松。为了更好地调整状态，我们最好能保证4天的假期（一次理想的假期长度不该短于8天）。在假期中尝试新鲜的活动会让假期显得更长久、更难忘。此外，给假期加入运动元素也有助于体能恢复。

◇ 人们乐于掌握新的信息、知识。只是上学、考试的经历，让很多人远离读书等求知渠道。为了享受新知识带来的成果，我们可以利用音频、网络课程等多种渠道学习，借助外部的约束力量（比如培训课程）、设计阶段性成果等方式，更好地培养求知习惯。

◇ 学习一门新的知识，或者开始一种运动训练，容易因为启动成本太高而打消念头，因此，削减不必要的准备环节，降低启动成本可以让自己更快起步，进入状态。

◇ 在工作和商务上，有一些不得不参与的应酬。不喜欢这类应酬的人可以考虑转换职业方向，给客户分类降低应酬需求，选择不同行业线，邀请擅长应酬的人一同配合。重要的是，要让自己在知识与技能层面不断进步，让自己具备选择环境的能力。

附录：宋飞方法（Seinfeld Strategy）

无论从哪个维度来衡量，杰瑞·宋飞（Jerry Seinfeld）都算得上是最成功的喜剧演员：他是全球收入最高的喜剧演员，在1998年当年就获得了2.67亿美元的收入，创造了吉尼斯世界纪录；其创作的作品《宋飞正传》连续10年高居收视率排名榜，并入选"有史以来最佳电视剧榜"[27]。此外，他还是脱口秀演员、作家和电视制片人。

比起他获得的名誉、财富及各种奖项，更加难能可贵的是，宋飞不断产出高质量的作品，并且具有非凡的稳定性。他的演出、电视节目，年复一年都能保持极高的水准和市场认可度。他是如何做到的？

软件工程师布拉德·伊萨克（Brad Isaac）在一次访谈中介绍自己从宋飞那里获得的宝贵经验[28]。他曾在一个剧院后台见到过宋飞本人，并且向他请教取得如此成就的方法。宋飞的回答是：

"成为一个更好的喜剧演员的核心，是要能创造出更好的笑话，而创造更好笑话的方法，就是坚持每天写（笑话）。

"准备一个将一整年印在一页巨大纸上的日历，将其挂在墙上。然后准备一个红色的马克笔，每天只要写下某些内容，就在当天的日历上画上一个叉。几天之后，连续画上几个叉，你就有一个链条了。你要让这个链条不断变长。几周以后，当看着这个链条，你就会有一种成就感和享受感。你唯一要做的，就是不要让这个链条断掉。"

图3-8就是宋飞方法（Seinfeld Strategy）的示例图。

2020年9月

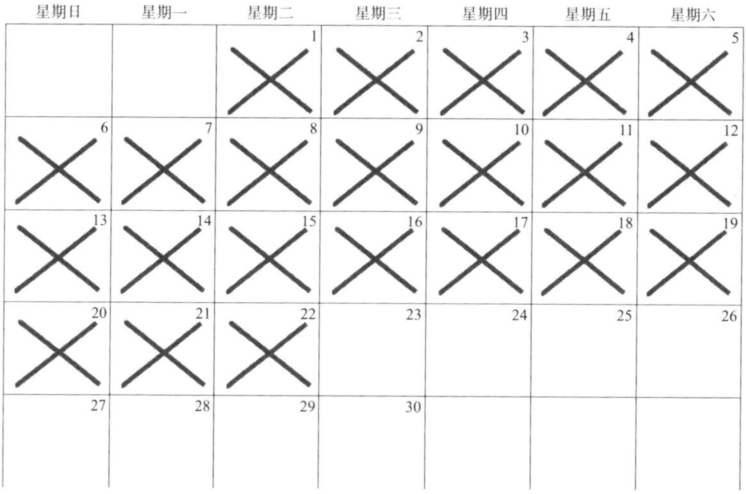

星期日	星期一	星期二	星期三	星期四	星期五	星期六
		1 ✕	2 ✕	3 ✕	4 ✕	5 ✕
6 ✕	7 ✕	8 ✕	9 ✕	10 ✕	11 ✕	12 ✕
13 ✕	14 ✕	15 ✕	16 ✕	17 ✕	18 ✕	19 ✕
20 ✕	21 ✕	22 ✕	23	24	25	26
27	28	29	30			

图3-8　宋飞方法示例图

我们每个人都会设立目标、做计划，期望自己在某些方面能一步一步取得进展，最终实现目标。但在实际进行当中，常常因为"今天状态不好"或者"最近实在太忙"，甚至因担心"写的东西质量不高"而停滞不前。最后，一个个计划都成了拖延症的受害者。

我们再回过头看看宋飞所采用的策略，这种每日坚持的训练能帮助人们在较短时间内培养专业技能。而在这个过程中，他不用考虑每天是否能写出高质量的内容，不用担心因为太忙只能写一点，也不用考虑自己离完成大作的目标有多远。重要的事情只有一件，那就是不要让这个链条断掉

（not breaking the chain）。

人们常说，道理人人都懂，就是难以做到。宋飞策略就是通过一个可视化的工具提升我们"做到"的动力和可能性。此外，这种方法还有一个优势，就是我们可以从很小的挑战开始，哪怕只是几分钟的训练，完成以后就可以先画上一个叉，让自己开始建立一种动能。当这个链条越长，我们保持行动的动能就越大。

进入互联网时代以来，有越来越多的学习工具和网络课程都通过不同的方式实现了宋飞方法所带来的效果。比如，网上有个讲解英语词汇的课程，学员报名以后缴纳一笔学费。在之后的几个月里，如果学员能每天坚持上完课打卡（相当于每天画一个叉），在课程结束之后就退还一部分甚至全额学费。通过这种方式让学员保持这个学习链条不断，课程的效果也就更有保障。

值得注意的是，我们使用宋飞方法时，应该集中在当下最重要的事项上。假设一个人喜欢练习钢琴，希望每天都练习；也需要坚持健身；还需要每天坚持创作文章……如果他用宋飞方法跟踪自己每一个希望完善的领域，结果会怎样？在每一个领域都建立起长长的链条吗？不，我认为这大概率会让他精疲力竭，很快就全部放弃。

所以，在使用宋飞方法时，切不可贪得无厌。我们需要思考清楚：当下最需要坚持的习惯或者训练是什么？对自己来说最重要的技能领域是什么？然后选择重点目标，并针对这一个重点目标，采用宋飞方法坚持下去。

现在请你回答：自己当前最需要提升的技能领域（或最需要坚持的习惯）是＿＿＿＿＿＿。

下一步该做什么，已经很清楚了吧！

第四章

实现"丰赢"人生

WINNER'S MATRIX

一张桌子至少需要三条腿才可能稳固。人生这张

桌子的三条腿是：健康、财富和情感。

衡量幸福的标准不是你活过的天数，而是你能记住并且愿意记住的日子。

相信很多人会赞同上面这个说法，一个人的幸福程度并不取决于他/她活了多久，而是有多少时光是他/她能记住并且愿意记住的。能够持续地、长久地体验值得铭记的日子，这样的人生无疑是"丰赢"的。

那么，我们需要怎样的基础来支撑自己追求这样的人生呢？

人生圆桌模型

我们知道一张桌子至少需要三条腿才能稳定。如果把我们的人生比作一张桌子，要想让这张桌子长久地站稳，必不可少的三条腿应该是什么呢？

一个几乎公认的答案认为，人生这张桌子最重要的三个支柱分别是：健康（health）、财富（wealth）和情感（relationship）。

缺少其中的任何一个，人生恐怕都难以幸福。我们一生当中耗费的大部分精力，都是为了在这三个领域追求更高的值。但在这个过程中，这三条腿是均衡发展的吗？你是否忽视了其中的某一条腿呢？一个有趣又略带讽刺意味的现象是，人们用于追求财富这条腿的时间和精力通常远大于另外两项（回忆一下每天你用于上班，参加学习培训、职业考试，应对客户，讨好老板所花的时间），似乎财富就代表一切，但是当我们在三者当中不得不做出取舍的时候，人们往往最愿意做出牺牲的还是财富。你不信吗？我们用下面这个例

> 一张桌子至少需要三条腿才可能稳固。人生这张桌子的三条腿是：健康、财富和情感。缺少其中的任何一个，人生恐怕都难以幸福。

子来说明。

假设我们在健康、财富和情感三个方面都达到了理想状态。突然某一天，由于某种不可抗力的因素，其中一个方面将严重恶化（另外两个方面能保持相对稳定），如果你能选择的话，你会选择哪个方面？先别急着给出结论，仔细思考一下再做出回答。

我问过很多朋友，大部分人思考后都回答"会选择财富"。并且表示之前从来没有从这个角度思考过这个问题（有一部分朋友选择最先牺牲情感，但通常这么回答的人在情感领域的状态不太理想，甚至很糟糕）。在做加法的时候，人们似乎一直盯着财富这条腿，而到了做减法的时候才发现，财富并非最重要的。这里并不是说财富不重要，而是提醒大家不要因为财富这一条腿而忽视了健康，忽视了与配偶、家人及朋友的情感培养。

但仅仅依靠三条腿，并不能构成一张完整的桌子。同样，仅仅拥有健康、财富和情感，人生也不一定是充实的。假设有一个傻乎乎的小伙子，家里的财富多得用不完；父母家人都很爱他，吃喝玩乐样样不愁；而且身体很健康，从来不生什么大病。我们会认为这个人的生命是有深度、有意义的吗？

不会。所以，除了以上提到的三个支柱，人生模型还缺少一个最关键的变量。有了三条稳固的桌腿，我们还需要一个桌面，正是这个桌面的大小，决定了生命这张桌子能够承受、容纳多少内容（见下图4-1）。如果桌面非常小，三条桌腿再强壮也容不下多少东西。而桌面这个关键变量，就是intellectual development（狭义的解释为智力发展，这里采用广义的解释"心智发展"）。

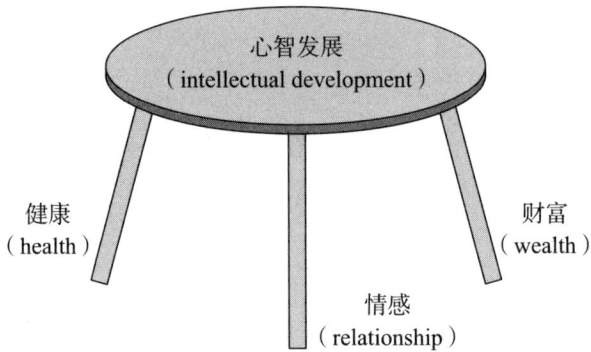

图4-1　人生圆桌模型

"intellectual"在《牛津英语词典》中的解释为[1]：

1. Connected with or using a person's ability to think in a logical way and understand things（用逻辑的方式去思考、理解事物的能力）。

2. Well educated and enjoying activities in which you have to think seriously about things（受过良好教育，并且享受需要对事物进行严肃思考的活动）。

有一些书籍将"intellectual development"解释为"智力发展"。但显然，仅仅将intellectual解释为智力是有失偏颇的，它并不能反映出"intellectual"这个词的真正含义（一个人可能智力很高，但并不一定享受对事物进行严肃思考的过程）。

在第三章我们分析了如何培养运动、求知的习惯，它们分别能帮助我们加强健康、财富这两条腿，接下来我们就重点分析剩余的一条腿——情感，以及人生圆桌的桌面——心智发展。

情感指数曲线

投资过股票的朋友都很清楚，每只股票的价格在一定的时间段内可能会上下波动，形成股价走势图。与此同时，也有各种综合指数来反映股票市场的整体状况。如果我们用同样的方式把自己与配偶、亲人、朋友的情感状态绘制成曲线图，会是什么样的走势呢？

■ 绘出你的情感指数曲线

最近几年我尝试用这个方式来帮助自己和身边的朋友来分析与恋人/配偶的情感状态。通过一个很简单的坐标图，就能将情感趋势描绘出来。

首先建立一个横轴来表示时间段。我们可以每三个月、半年或者一年为一个小节，然后把情感关系中重要的节点和阶段标注出来，比如，开始恋爱、结婚、拥有第一个小孩等。

然后建立一个纵轴，衡量每个阶段情感关系的得分。针对前面标注出的每一阶段，对两人的情感状况打一个分数。打分方法如下：假定世界上最理想、最美好的夫妻/恋人的情感状态为10分，最糟糕、最痛苦的为1分，对你们每个阶段的情感状况给予一个1—10之间的数值，并标注到图表上，然后把每个小节的得分用线连起来（见图4-2）。

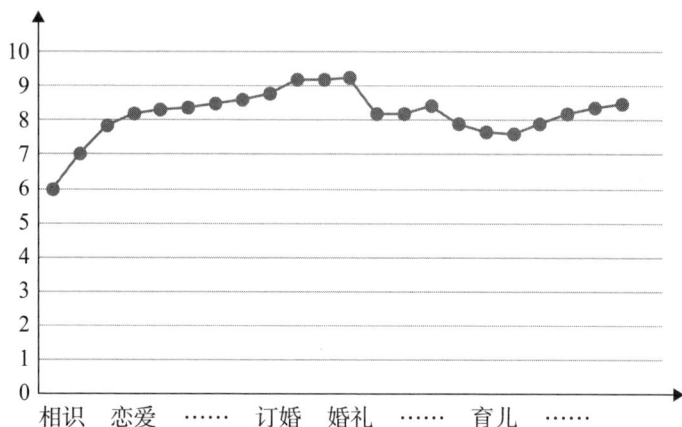

图4-2　与配偶的情感指数曲线图

- 你会对每个阶段给多少分?

- 你们的情感最高点是多少分，处于哪个阶段?

- 你们情感曲线的整体趋势是下行、平稳的，还是逐步上升的?

如何衡量与配偶的情感指数

　　针对每个阶段，我们可以从下面四个维度来给两人之间的情感状态打分，

之后将4项得分相加取平均数，就得到某一阶段的情感指数:

　　√ 沟通意愿: 愿意与对方沟通，努力了解对方的想法　　　　得分（　　）

　　√ 享受相处: 很享受彼此在一起的状态　　　　　　　　　　得分（　　）

　　√ 耐心: 双方意见不一致时，愿意耐心地沟通　　　　　　　得分（　　）

　　√ 关爱: 能够体会到彼此之间的理解与关爱　　　　　　　　得分（　　）

　　　　　　　　　　　　　　　　　　　　　　　　　　　平均分:　　（　　）

▶ ▶ ▶

■ 情感曲线的使用方法

通常,人们在"相识—相恋—结合"阶段的情感指数曲线是上行的。很可能一对夫妻情感曲线的最高点就在结婚前后,让情感在结婚之后一直保持上扬的趋势是非常难的。即使我们不奢求持续上扬,但当出现下滑趋势的时候,我们一定要关注到,并且能展开有效的行动对其进行改善。

遗憾的是,很多人在恋爱或者结婚前后,情感指数达到顶峰,之后就像滚雪球一样一路下滑,甚至跌落到最初认识时的状态之下(连陌生人都不如)。而且在整个过程中,几乎任由状况恶化,遇到争执的时候,一直关注自己的付出,强调对方的不对,而不是考虑如何调整自己的状态,到最后可能就出现了"情感崩盘"的结果。

我开发出"情感指数曲线"这个工具,就是为了帮助大家及时并且更有效地监控情感状况的变化,通过这个工具促进双方的沟通、理解,避免危机。情感指数曲线的使用方法如下:

- 与你的配偶或者恋人分别独立地描绘出各自感受的情感指数曲线(图4-3提供了一个空白的表格)。如果你们已经在一起10年以上,可能以年为时间单位更合适;如果你们相处的时间在10年以内,则可以以季度或者半年为一个时间单位。

- 对照前面提到的4个维度,给每一个时间段打分。在这个过程中,可以借助曾经的日记、邮件或者手机里的照片,帮助自己回忆每一个时间段里的感受,这样就能得到相对准确的得分。

- 将两个人的曲线进行对比，对出现差异的地方（比如某一方认为是上行，而另一方认为是下行），双方讨论一下是什么原因造成差异的。

- 针对每一个上行、下行的阶段，请对方介绍一下如此判断的原因，这样就能更好地理解对方在一段情感关系当中更重视什么：是日常的沟通深度、对生活中某些实际问题的解决，还是对分歧的处理方式？如此一来，就可以更好地校正"努力方向"，在对方注重的领域给予更多的投入（表格4-1提供了一个分析工具表）。

- 将情感指数曲线存档，定期监控、复盘；记录未来的情感指数的走势，把这个图表作为增进双方了解的工具和话题，定期与对方沟通，尤其在情感指数曲线出现上升或者下降趋势的时候。

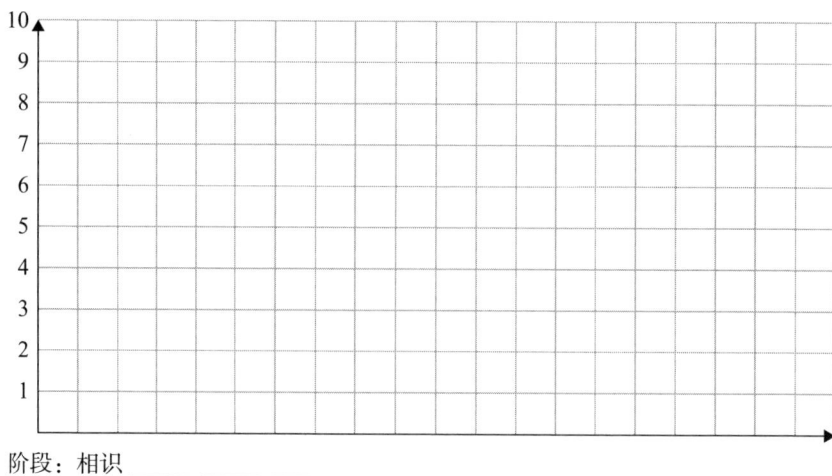

阶段：相识 ＿＿＿ ＿＿＿ ＿＿＿ ＿＿＿ ＿＿＿ ＿＿＿

图4-3 绘制情感指数曲线图

表4-1　情感指数波动分析

波动阶段	升/降的原因	主观因素/环境因素	给未来的启示/借鉴
上升阶段1			
上升阶段2			
上升阶段3			
下降阶段1			
下降阶段2			
下降阶段3			

　　做完上面的分析，我们可以很清楚地看到过去和当下自己的感情状态，以及对感情状态的影响因素。但相信很多读者此时一定更加关心另一个问题：我已经清楚了目前的情感状态，那该如何改善呢？

拥抱"情感四天使"

很多人会对下面这个事实无比吃惊：**学习很简单的知识就可以帮助我们有效改善自己与恋人/配偶之间的情感状态，但绝大多数人对这些知识的了解近乎空白。**

社会不断发展，人们的知识也不断积累、进步。如今，一位合格的高中理科毕业生，回到400多年前，他所具备的物理知识足以媲美当时世界上最顶尖的物理学家。今天普通大众所具备的科学、医学知识（常识）远超400多年前的人。然而今天，即使是接受了完整高等教育的人，比起400年前的普罗大众，是否更懂得经营自己的婚姻、更善于处理情感生活呢？

> 只要你稍稍努力补充这一领域的知识，便可有显著的进步，大幅提升婚姻关系和情感状态。

人类的科技知识日新月异，而在如何处理婚姻与情感问题这个领域，我们的知识量似乎原地踏步了四五百年，甚至是退步的。事实上，随着心理学、社会学的发展，在这一领域早已有了丰富的实证研究和知识积累，然而这些研究成果并未被充分运用到教育领域，绝大部分人也不会自发去了解这一领域的知识。如今我们在婚姻、情感这一社会科学领域的无知程度,就如同与400多年前普罗大众在自然科学领域的蒙昧程度。但也正因为现实的起点较低,让我们有了足够的提升空间。只要你稍稍努力补充这一领域的知识,便可有显著的进步,大幅提升婚姻关系和情感状态。

■ "情感四恶魔"与"情感四天使"

我们先看图4-4情感升降模型。模型的上下方各有四种行为,你对这些关键词可能并不陌生,但是它们之间有什么联系?奥秘何在?

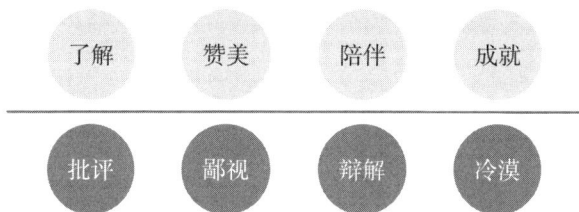

了解　　赞美　　陪伴　　成就

批评　　鄙视　　辩解　　冷漠

图4-4　情感升降模型——"四天使"与"四恶魔"

在横线的上方,了解、赞美、陪伴、成就这四种行为能够帮助我们的情感状态不断上升。而在横线下方的四种行为则会让我们与恋人/配偶的情感状况迅速恶化,分别是:批评、鄙视、辩解和冷漠。

被誉为婚姻关系领域的顶级专家约翰·戈特曼(John Gottman)将这四种行为称为"末日四骑士"[2](Four Horsemen of the Apocalypse,该说法来源于基督教神话,此处的意思是,当这几种行为出现的时候,就预示着末日来临了),我们可以简单地称之为"四恶魔"。

一句简单的批评,很可能引起对方的应激反应,然后引发辩解甚至语言攻击,造成互相间的伤害。同样,鄙视和冷战也会不

从小到大,几乎没有人告诉我们"不要用鄙视的语气对你的恋人说话",或者"遇到配偶的批评,请不要立即辩解、反驳"。

断地把我们的情感指数曲线推向深渊。我们常常无意中就做出了这几种行为，但并不会认为自身做错了（尤其是当你的恋人/配偶做了令人不开心的事情时）。

从小到大，父母及学校的老师都会教育我们"不能随便拿他人的东西""不能破坏公物"……所以我们很自然地知道这样的行为不对。然而从小到大，几乎没有人告诉我们"不要用鄙视的语气对你的恋人说话"，或者"遇到配偶的批评，请不要立即辩解、反驳"。通常我们听到这类话很可能是在婚姻关系咨询或者情感调解的场合，而这往往意味着感情已经进入了很糟糕的阶段，这几种行为已经成为双方之间习惯性的应对方式，双方的情感关系已经积重难返。

■ 避开"情感恶魔"

所以，我们需要一些方法和工具来帮助自己避开"情感恶魔"，避免让情感关系走向深渊。其中一个有效的方法就是，化批评/抱怨为"如果"。以下几种批评/抱怨可能是情侣间经常发生的对话：

- 批评：你总是乱扔衣服，从不帮我收拾，你知道我每天干家务有多辛苦吗？
- 抱怨：我喜欢的活动你从来都不参加，每次都是扔下我一个人。你就不能多陪陪我，多尝试一些新的活动吗？

当听到这样的话时，人们的第一反应恐怕是辩解，或者立即怼回去，甚至指责对方，比如，"我每天忙里忙外，难道就不辛苦吗？你关心过我吗"，一来二往就变成了斗争升级。相反，我们去掉批评和抱怨的成分，换成用"如果"来表达诉求则温和得多。

- 关于乱扔衣服：如果你每次能把换下来的衣服放到卫生间，我的家务活就能轻松不少。
- 关于一起活动：如果这周末我们能一起参加一些新的体育活动，我会非常高兴的。

如此，即使对方不会立即答应，但至少能有效避免引发争吵和斗争升级。这就是通过温和的引导改变对方的某些行为习惯的方式。

■ 深入沟通

如果对方对我们的温和引导方式无动于衷，毫无改变，那么可以展开一次"深入沟通"，而不要马上转而批评指责。展开深入沟通的时候应该选择一个轻松、不匆忙的时刻，用平和的语气引出谈话的主题，以下是几种供大家参考的开场白：

- 亲爱的，有一件事我觉得非常重要，但是有可能会让你不高兴，因为关于你的某些生活习惯。我并不是批评你，而是希望和你探讨一下，如何能够让我们不同的作息习惯（或清洁等其他问题点）更好地磨合。
- 亲爱的，在咱们最近的沟通（或一同参加的社交活动）中，我注意到有一些互动方式很容易让对方产生误解，我相信你肯定不是为了让我难受，所以咱们把一些可能误解的地方说明一下，这样也不至于让误解越来越深。

为了更好地引导一次深入的对话，使用开场白需要注意两个要点。

创造谈话安全感。让对方理解这次谈话并不是批评或者讨伐对方的过错，从而创造一个轻松的谈话氛围。

肯定对方的善意。比如，提到"我相信你肯定不是为了让我难受"，这样就表明，即使存在某些问题，也不是对方主观意愿造成的，只是想客观地来讨论一下存在的问题，以及改善的方法。

也许有的人会说："我也尝试过做这样的深入沟通，但是对方根本就不配合，毫无反应，一点都不尊重我的努力。"对此种情况，请先回顾一下过去几年来，你们的对话是否时常出现批评、辩解甚至鄙视和冷漠（"情感恶魔"）的情况。

如果对方不愿意积极回应，很可能因为你们之前已经有太多的消极互动。当积重太深时，显然不可能通过一两次的尝试就能把情感互动拉回到健康的状态。所以在初期，当对方没有给予积极回应的时候，我们一定要记住，此时千万不能抱怨对方，否则一次寻求改善的努力就变成了进一步的伤害。

除了前面分析过的批评抱怨，同样需要避免的还有鄙视性语言、辩解的习惯及冷漠的对待。

有的人在习惯性地批评另一半时，还会附带上一句鄙视性的言语，比如，"看你这××样，你这种人从来都办不好事"。鄙视性的语言对情感的伤害是巨大的，尤其是对另一半的自尊所造成的伤害。

我们在前面已经提到，"辩解"很容易造成矛盾升级，引发相互间更多的批评和攻击，而"冷漠"则是另一种极端，是逃避问题，它表面上让双方回避了激烈的碰撞，实际上没有直面问题本身。如果双方习惯了冷漠，那么两人的感情也就近乎荡然无存了。当两人遇到争执而变得情绪激动时，暂停对话是为了让情绪平复，避免攻击和矛盾升级。待情绪平复之后我们需要主动重启沟通模式，开启建设性的对话。

■ 预警意识及外部监控力量

一个人如果希望改变掉自己的语言习惯，首先要做到"倾听自我"和"观察自我"，意识到自己到底说了什么，做了什么。如果我们希望避开情感关系中的四个"恶魔"，那么当我们做出这些行为的时候，需要立即意识到"糟糕，我正在辩解"或者"我在批评对方"，之后才有可能对这些行为加以控制。

意识到问题是解决问题的第一步。针对这四类"情感恶魔"，我们需要建立一种自我预警机制，每当我们做出这种行为时，能够立即警惕到"恶魔"来了，并且让自己停下来。形成这种机制并非一蹴而就的，需要不断地训练。一旦建立起这种预警机制，就能有效防止批评、鄙视、辩解、冷漠这些"情感恶魔"卷土重来。

此外，引入外部监控机制可以帮助我们及时发现不良苗头。邀请你的另一半、你的父母以及你的子女一起参与进来，请他们一旦发现你做出四种"恶魔"的行为，就立即指出（就像有人为了戒烟，邀请身边的家人、朋友监督自己，谁抓住自己吸烟，就付给对方一笔金钱奖励一样）。通过这样的外部监控来提醒自己，帮助我们发现自己没有注意到的问题行为。

在这个过程中，你也可以建立阶段性的目标或警戒线。比如，每个月跟另一半对话时出现批评或者抱怨的语气不能超过两次，一旦超过了这个警戒线，就必须做出一定的补偿举措（具体的监控方法参考本书第六章介绍的"生活仪表盘"方法）。

■ "情感四天使"

对情感关系中的四个"恶魔"，我们要像对待灾害一样严格控制它们，以避免在沟通中出现。同时，从积极的角度着手，我们可以从另外四个方面来提升自己与另一半的情感状态。

在图4–4情感升降模型（第99页）的上方，四个圆圈里分别是四位"情感天使"：了解、赞美、陪伴、成就。这四种行为可以有效地帮助恋人/夫妻增进感情。其中最为有效、简单的一种方法就是第一种，"花更多一点的时间去了解对方"。

了解

有研究显示，即使是完全陌生的两个人，通过36个问题互相了解对方，也能显著帮助彼此之间创造出"爱情火花"[3]。

有人认为，刚刚开始恋爱的人，可能很有兴趣不断去了解对方。但如果已经相处很久了，还有什么需要了解的？

可是你真的了解你的伴侣吗？

通过下面这个小测试来看看你对另一半的了解程度：你能否准确回答关于他（她）的这20个问题？

1. 另一半最好的三位兄弟/闺蜜是谁？ _____

2. 另一半读书时最喜欢的学科是什么？ _____

3. 另一半旅行去过的地方有哪些，另一半最喜欢哪儿？＿＿＿＿＿＿＿

4. 另一半还没有去过的地方有哪些，另一半最希望去哪儿？＿＿＿＿

5. 另一半学生时代最喜欢的老师是哪位？＿＿＿＿＿＿＿＿＿＿＿＿

6. 另一半最喜欢的歌手／音乐家是谁？＿＿＿＿＿＿＿＿＿＿＿＿＿

7. 对另一半影响最大的一本书是什么？＿＿＿＿＿＿＿＿＿＿＿＿＿

8. 人生中带给另一半最大启发与成长的事情是什么？＿＿＿＿＿＿＿

9. 成长过程中给予另一半最多关爱的亲人是谁？＿＿＿＿＿＿＿＿＿

10. 另一半经历过最大的挫折是什么？＿＿＿＿＿＿＿＿＿＿＿＿＿＿

11. 另一半在大家族里最不喜欢的亲戚是谁？＿＿＿＿＿＿＿＿＿＿＿

12. 另一半收到过最喜欢的礼物是什么？＿＿＿＿＿＿＿＿＿＿＿＿＿

13. 另一半目前最大的压力／烦恼是什么？＿＿＿＿＿＿＿＿＿＿＿＿

14. 另一半最喜欢的表达亲密的方式是什么？＿＿＿＿＿＿＿＿＿＿＿

15. 另一半人生的志向和目标是什么？＿＿＿＿＿＿＿＿＿＿＿＿＿＿

16. 另一半最引以为豪的经历／技能是什么？＿＿＿＿＿＿＿＿＿＿＿

17. 另一半最喜欢度过闲暇时光的方式是什么？＿＿＿＿＿＿＿＿＿＿

18. 另一半最希望提升哪一方面的知识或技能？＿＿＿＿＿＿＿＿＿＿

19. 另一半最关注／担心的健康问题是什么？＿＿＿＿＿＿＿＿＿＿＿

20. 另一半最欣赏你身上的哪一点？＿＿＿＿＿＿＿＿＿＿＿＿＿＿＿

以上20个问题，包含兴趣、成长、目标、价值观四个方面的测试。如果你足够了解对方，至少能准确给出其中80%问题的正确答案吧。

如果你只能准确给出一半甚至更少问题的答案，那么不如花一些时间和你的伴侣一起来玩"了解对方"的游戏（互相向对方提问，看谁答对更多），或者遵照心理学家阿瑟·亚伦（Arthur Aron）的建议，在轻松的氛围下互相问对方36个问题（问题清单在本章的附录部分），说不定你们就能重新擦出更强烈的情感火花。

了解另一种性别

除了了解你的另一半的个人经历与个性，我们也应该花时间去了解异性这一整个群体的特征，这对增进伴侣间的情感关系非常有帮助。

整体来讲，男人是一种权力导向的动物，而女人则是关系导向的动物。当两个男人最初认识的时候，他们首先评估在社会等级的阶梯上双方分别处于什么样的位置，对方是高于我、等同我，还是低于我（经济实力、学识、社会地位）。这就像两个雄性黑猩猩初次见面会好好打量对方、评估一番一样。而当两个女人刚刚认识的时候，则会评估"我与她的关系能走到多近？是能无所不谈、有限地分享个人生活内容，还是仅停留在工作和社交层面"。[4]

因此，这种不同的特性决定了男人和女人具有明显不同的沟通习惯。男人更倾向于辩论（因为这是体现权力阶梯、争取更高等级话语权的方式）；而女人更倾向于沉默，此时并不表示她认同或者对议题冷漠，很可能她在内心里已经有很丰富的活动了（他/她竟然说出这种话，看来我得重新评估一下我们的关系了）。

▶ ▶ ▶

赞美

"情感四天使"中的第二位是赞美。赞美不是虚假违心地拍马屁，而是发自内心地找到对方的闪光点，并且表达出来。

你上一次赞美恋人/配偶是在什么时候？

对很多人来说，这个问题很难回答，似乎伴侣之间很少会互相赞扬（尽管在追求的过程中或者恋爱初期会不断点赞，但相处久了，赞美就变得稀缺了）。在某些文化中，人们不太习惯经常性地去赞美他人。但赞美在很多场景下能带来积极的效果，现在人们常提到的"鼓励式教育"，就是让家长多通过赞美的方式来激发孩子对学习的信心和乐趣。

有人会担心，赞美过头反而会让对方感觉不舒服。但请相信我，除非你的另一半是这个世界上极其罕见的类型，正常情况下，每当听到赞美时，人们一定是开心的。我多次见到金融领域的卖方人员（销售、开拓客户关系的人员）在会议上尽其所能地吹捧客户，已经明显到夸张的程度，但被赞的人仍然乐开了花。严谨、理性的金融人都如此，一般人对赞扬更是不可能排斥。

经常性的赞美能有效润滑伴侣之间的情感关系。曾经有人问我，"配偶哪有那么多优点让我不停赞美呢？总不能不停地把几个优点反复赞来赞去吧？"

这里有一个非常有效的方法。下面的表格中列举了可以用来发现伴侣优点的15个维度。我们可以从这15个维度去寻找伴侣身上的闪光点。

发现恋人/配偶赞美点的 **15个维度**

1. 品质：你欣赏的恋人/配偶所具有的某种品质

2. 经历：过去你们一同经历过最美好的时光

3. 帮助：恋人/配偶最近帮助过你的事情

4. 生理：恋人/配偶身上有哪些你喜欢的身体特征

5. 学识：恋人/配偶在哪一领域具有专业的知识

6. 兴趣：你们两人共同想做的事情

7. 价值观：对方让你欣赏、尊敬的价值观或人生信条

8. 习惯：对方非常棒的工作或者生活习惯

9. 幸运：列举出能与对方在一起的好处

10. 彼此关爱：你们向对方表达关爱的时刻

11. 对他人关爱：对方给予亲人、朋友关爱和帮助的例子

12. 努力：对方通过努力而取得成果的例子

13. 幽默：对方展示出幽默的时刻

14. 妥协：对方为了你或者大家庭的利益而妥协了自己偏好的例子

15. 目标：对方的某一个让你欣赏或者尊敬的人生目标

请围绕上面15个维度，找到你的伴侣身上的闪光点。即使每个维度只找到一个亮点，也足够你半个月不重复地赞美对方了。

相信我，只要你用心，每个维度上都可以找到众多的例子。并不是对方比世界上绝大多数人都做得更好的地方才叫闪光点，只要你觉得对方做的有意义并具有积极态度的行为就是闪光点（也许你的伴侣并不能讲出笑倒全场的笑话，但仍然会去收集有意思的笑话分享给大家，这就是很棒的闪光点）。所以现在就好好想想，你的伴侣在每一个维度上有哪些闪光点，把它们记录下来，然后在合适的场合给予他/她热情的赞扬吧。

提示：什么是合适的赞扬场合？当你们所做的事情或者谈论的话题涉及某个维度（以上15个维度中的某一个）的时候，你就去赞扬对方在这个维度上的闪光点。比如：

- 回到家时，看到你的伴侣正在准备晚餐，那么赶紧赞美他/她的厨艺（或者他/她唯一擅长的某一道菜），并且告诉他/她你吃了以后是多么开心。

- 聊天中，你们提到某个朋友的近况，那么你就可以赞扬他/她曾经对朋友（可以是其他朋友）给予关心和帮助的例子。然后再补充一句，拥有他/她这样的人做朋友是多么幸运。

- 周末的时候，你的伴侣需要加班处理一些工作上的事务，那么你就可以赞扬他/她的某个优秀的工作习惯，或者赞扬他/她的责任心，并且可以通过赞扬和后续的谈话，进一步了解他/她在工作中面临的机会和挑战（请回忆"情感四天使"中的第一位：了解）。

像上面这样的例子有很多，只要你所赞扬的维度与当前你们所经历、谈论的事情一致，就不会有任何的尴尬和勉强。这样的场合就是合适的赞扬时机，只要你用心，每天都会有这样的时刻能给予伴侣发自内心的赞扬。

还有一个与此类似、能有效提升配偶/恋人之间情感关系的方法：每天记录（或回忆）一个对方值得你赞美

> 只要你用心，每天都会有这样的时刻，能给予伴侣发自内心的赞扬。

或者感恩的事情，用笔记本记录下来。从你们认识到现在，这样的事情肯定不少。此外，把自己当天做一件值得对方赞美或者感恩的事情，当作给对方的回报或者一件礼物。去做即可，不要在做完之后立即在对方面前邀功。每天记录这样两件事情，做成自己的情感日记，坚持两个月，看看双方的沟通和互动会有哪些变化。

陪伴（响应）

在某次外出旅行的前一天晚上，我和妻子收拾好了东西，已经上床准

备睡觉。这时，想到外出时手机的电池可能不够用，我便问妻子："咱们的充电宝还有电吗？"妻子回答："不知道。"

"为了以防万一，我还是去充一下吧。"于是我从床上爬起来，到客厅给充电宝充上电，然后就回卧室睡觉了。这并不是一件什么重要的事，我甚至都不会记得这样一段对话。一段时间以后，我的妻子提到睡觉前的这一段小事，说这么一个平常的小事给了她一个小小的感动。因为想到某一个潜在的问题时，我没有置之不理（倒头接着睡，管他呢），也没有去麻烦对方（"要不你去看看"）。正是这种简单的互动，让她能感受到我的关心和彼此的情感联结。

我们都知道，无论是新在一起的恋人，还是结婚多年的夫妻，异地相处在情感关系中具有非常大的风险。这也从侧面说明了互相陪伴是多么重要。而陪伴并不只是两个人在空间上的相处，更需要近距离的、积极的互动，从而不断增强两人之间的感情。在这种陪伴与互动当中，最重要的是给予响应。

周末的下午，两人各自拿着自己的手机低头玩弄，直到肚子饿了才问对方："你订餐了没有？"这并不是陪伴。

当伴侣遇到一件开心的事情想和你分享，而这时你正在处理领导临时派给你的一个紧急任务，你一边"嗯，嗯"地回应表示自己在听，一边埋头在工作中。这也不是陪伴。

有价值陪伴的两个前提条件是：努力创造共同的参与感和及时地给予响应。

共同参与在当今社会似乎越来越难。我们必须意识到，比起10年前或者更早以前，可以说人们遇到了有史以来情感关系中最强大的威胁，它不是第三者，不是加班工作，而是手机。

在那些世界上最顶尖的硬件公司、电商平台、社交平台、视频站点，人们雇用了成百上千的顶级设计师、心理学家、行为学家，使用最前沿的科技与最新的研究成果，不断优化产品功能与界面，目的只有一个：把你尽量久地拴在手机上（无论你是担心错过了某个消息、看到搞笑的节目停不下来，还是发现物美价廉且自己喜欢的东西源源不断地跳出来）。

仅凭一己之力，对抗全世界成百上千个最顶尖的头脑，你知道这个难度有多大吗？所以我的策略是"打不过，就不打"。每天下班到家之后，尽量不用手机（不会关机，可能会每隔几个小时查看一下是否有人发消息）。而在家人聚餐的时候，也会把手机放到另一个房间，至少是放在远离自己座位的地方，避免自己不自觉地拿起手机而被某些应用吸引住。

> 人们雇用了成百上千的顶级设计师、心理学家、行为学家，使用最前沿的科技与最新的研究成果，不断优化产品功能与界面，目的只有一个：把你尽量久地拴在手机上。

当两个人在一起或者短暂分开后，都有很多事情可以一同去"参与"。比如：

- 一起做早餐。
- 在工作间隙给对方一个电话问候。
- 出差时看到喜欢的小礼物寄到对方的办公室。
- 一起回家。
- 一起打扫房间。
- 一起锻炼身体。

- 一起去看望某个亲人或者朋友。

- 一起安排接下来的旅行计划。

- 互相分享最近看到的不错的书或者文章（不要用电脑或手机上随手转发，而要口头分享自己阅读后的收获）。

- 除了努力创造共同参与的事情，我们还必须注意：在相处的过程中需要及时给予对方响应。

有一次，我在电脑上处理一些事情，妻子在旁边看书，读到某一段时她正好想到当天发生的一件事，于是讲给我听。我轻声回应道："嗯，嗯……"一边示意她接着讲，一边低着头继续处理自己的事情。

过了一会儿，妻子停下来，告诉我，我的这种"不走心"的回应让她感受非常不好，并且给我一个建议：如果正好在处理某个紧急的事情，可以对她说"抱歉，我正在做某某事，稍等3分钟，之后咱们一起来讨论吧"，这样给人的感受会完全不一样。

在此之前，我并没有意识到这种不走心回应的问题。经过她这么说后，我决定改掉这种习惯。此后，我通过观察身边的人发现，不仅在亲密关系中，哪怕是在亲人、朋友、同事关系中，人们也很容易陷入这种不回应或者不走心回应的状态。比如，两个朋友在一起聊天，其中一人突然拿起手机看起来，任由对方接着说，不再对其做出任何回应，就像从谈话中消失了一样。你是否也遇到过这样的情况，或者做出过这样的行为？

对此，我有一个很棒的方法帮助人们迅速改掉这种习惯：在你的手机保护壳，还有手机屏保上贴上四个字——"说明急事"（用一个小贴纸，或者给图片添加文字，设为屏保）。每当你拿起手机（很可能是习惯性无意识的），无论是从正面还是反面，你都能看到这四个字，然后告诉坐在你对面的人："抱歉，因有一件急事，有人可能这会儿给我发消息，我得查一下。"

虽然仅仅是这么一句话，给周边人带来的感受却有天壤之别。

最后，为了让陪伴更有回报，我还有两个建议：一是多尝试新鲜事物，二是从事有乐趣的事情。

两人刚开始恋爱的时候，所做的一切事情都是"新"的：一起吃饭、一起购物、一起去郊游、一起尝试某项运动、一起做晚餐……回忆一下你们最初做这些事情的时候是不是充满了愉悦感。

可是大多数恋人在确立情感关系两三年之后，很少再一起去尝试新的东西。审视一下自己和另一半有多久没有体验新的运动了？有多久没有一起去新的地方旅行了？

当生活中的责任和琐碎的事情增多以后（尤其开始养育小孩后），两个人能够一起尝试新东西的机会越来越少。与其说尝试新事物的成本越来越高，倒不如说人们在这方面的意识太薄，很少特意为此付出努力（因为人们很容易陷入"习惯与常态"当中）。

而下面这些选项，是很容易实现，并且是非常适合两个人一同去做的新鲜事物：

- 每个月去发现一家新的餐厅。
- 去参观一个没去过的博物馆。
- 观看一种新的表演（比如习惯了看电影的可以去看一场话剧）。
- 两人共同研究一个新的菜谱。
- 去花鸟市场，找一种没养过的植物。

- 尝试没有体验过的休闲活动（比如露营、野餐、射击）。
- 一起学习一种新的技艺（比如摄影、绘画、木工），并且通过这种技艺给家人做一些东西（比如为家人拍一套写真）。
- 为对方制作一种未曾喝过的饮料。
- 改变发型和装束，以全新的形象展示自己。
- 收集对方没听过的新笑话。

此外，研究显示，能够花时间（make time for）去尝试有趣活动（fun activities）的情侣，情感关系会更加长久[5]。一起做家务固然是一种陪伴，但是一起去听相声或者去一趟迪士尼乐园肯定更有乐趣。找到能带来乐趣的活动不难，舍得"花时间"才是这条秘诀的关键。

所以询问一下你的另一半，对方认为哪些活动是充满乐趣的，找出其中你也感兴趣的，然后一起去尝试。当一对情侣有了小孩，关注点（乐趣点）很容易全部集中到小孩身上。这时，夫妻之间需要在适当的时候去创造只属于两个人的乐趣，不要凡事都想着带上小孩。即使是结婚多年的夫妻，独自去一趟迪士尼乐园或大型游乐场，总能体会到不少乐趣。

成就

"情感四天使"中的最后一位，就是成就。相信很多人都听过这样一句话："**好的情感关系不是为了迎合某一方去改变另一方，而是彼此之间能够成就更好的自己。**"

"四天使"中的成就并不是指自己要取得多么厉害的成就，从而赢得对方的尊重和爱慕，而是指帮助对方，让对方成就更好的自己（在这个过程中你自己也会不断得到提升)。

在本章开始的地方,我们介绍了"人生圆桌模型",一张桌子要想立得稳,至少需要三条腿,再加上桌面,分别是健康、财富、情感和心智发展。在这几个维度上我们如何帮助对方成就更好的自己呢?

健康:帮助对方获得更好的健康状态和生活习惯。考虑一下他/她有哪些不太好的习惯或者健康风险,以及从你的角度如何帮助对方。只要付出一点点努力,也许就能取得非常不一样的成果。以下举几个例子:

- 如果另一半经常忽略吃早餐,那么你早起20分钟,在他/她上班前为其准备一份营养丰富的早餐。
- 订购一些健康的零食(比如坚果),寄到对方的办公室。
- 与另一半一同去健身、运动。
- 如果对方实在不喜欢运动,则尽量多带着对方去散步。
- 督促对方定期做体检。

除了以上,你还能够做哪些?

财富:促进职业或者知识体系更好地发展。如果你的另一半不挣钱,那么你需要做的很简单:多挣钱、多给予。如果对方也有自己的职业追求,那么你总能找到可以帮助对方的地方。

- 介绍对方认识在职业上能给予其指导和帮助的前辈。
- 主动了解对方面临的工作挑战,帮助对方寻求好的解决方案。
- 帮助对方学习金融、理财相关的知识(除了工作收入,投资收益也是创造财富的有效手段,所以学习金融、投资相关的知识也是非常有价值的，至少能识别金融诈骗、避免损失）。

- 关注并且与对方分享相关的培训、行业论坛等信息。

- 鼓励对方在知识、技能上投资。

- 帮助对方改进工作、学习上低效率的地方。

除了以上这些，你还能够做哪些?

情感：成就更好的情感关系。这里不仅指你们之间，还包含与他/她的父母、朋友的情感关系。前面我们已经谈到了很多提升恋人/配偶之间的情感状态的方法，同样，在另一半更广泛的情感关系中，我们也能在一定程度上给予其必要的支持和帮助。

- 了解对方家人的近况，给予定期的问候。

- 认识对方的朋友，参与到对方朋友圈的活动中，并且在活动中带来一些积极的帮助。

- 推荐对方阅读有助于提升情感状态的书籍（诀窍：无论书籍还是培训，你的推荐可能远不如对方的好朋友或闺蜜的推荐有效。所以记住上一条，要认识并且融入对方的朋友圈，借助对方朋友圈的力量）。

- 一同参与情感关系类的培训活动或者网络课程。

- 帮助对方处理家庭事务（比如安排父母体检、节假日的聚会）。

除了以上这些，你还能够做哪些?

提升心智发展。简单来说，心智发展可以理解为思考能力和"三观"的提升。这里先留下一个引子，在本章的后半部分，我将重点介绍心智发展的内容。

以上，我们提到了如何帮助对方成就更好的自己。在这个过程中，我们一定要避免下面三个陷阱，否则你的努力反而可能带来彼此间的冲突和伤害。

以自我认知为中心。把自己的认识当作事实，一切行动都以自我认识为出发点。这在处理对方面临的挑战、与家人和朋友的情感关系等一系列问题时，很可能会起到相反的效果。所以，要记得"情感四天使"中的第一位：了解，了解，再了解。多与你的另一半沟通，不要盲目地下结论。

代替对方做决定。也许你提供给对方的方法确实有效，但也一定要征求对方的意见。代替对方做决定，会让对方感觉不受尊重。在好的情感关系中，两个人都是独立的个体，不是一方依附于另一方。有大男子主义倾向的人尤其要注意这一点。有些时候，人们会抱怨对方不珍惜自己的付出。其实，在这种情况下，我们应该反思自己是否征求过对方的意见。

拒绝自己的改变。成就对方与成就自我是一个不断交互的过程。如果太坚守自己的立场，拒绝接受对方的反馈和意见，就容易使双方关系陷入僵局。当我们抱怨对方"固执"的时候，也应该审查一下自己提出意见的方式、给予反馈的方式是否也很"固执"。我们不可能在自己一成不变的情况下，期待对方不断地改变、提升。

■ 与父母的情感关系

前面我们介绍了如何衡量恋人/配偶之间的情感状态、如何发现彼此间潜在的问题，以及如何提升双方情感状态。通过同样的方式，我们可以把这些分析工具和方法也运用到与父母的情感关系当中。图4-5就是一个与父母的情感指数曲线的举例。

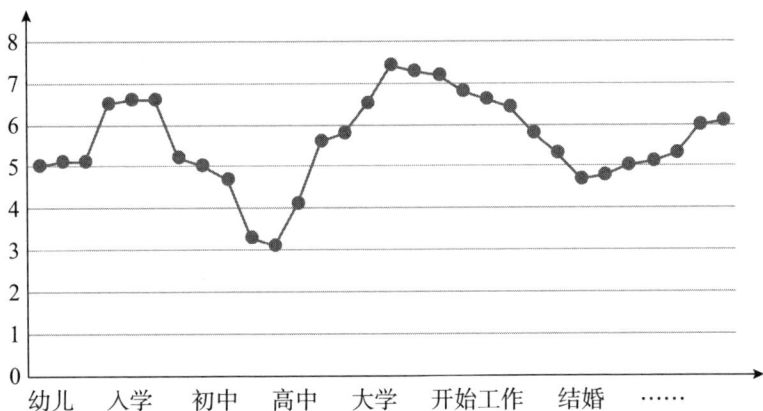

图4-5　与父母的情感指数曲线

如何衡量与父母的情感指数

我们可以从下面四个维度来判断自己与父母的情感状态。最理想的状态为10分，最糟糕的为1分，之后将4项得分相加取平均数就得到了感情指数的得分：

√ 陪伴：愿意与对方相处，相处的过程通常很愉快。　　　得分（　　）

√ 沟通：有新的经历、新的想法时希望与对方沟通。　　　得分（　　）

√ 理解与认同：父母理解我的追求与价值观，我理解他们

当前的需求。　　　得分（　　）

√ 关爱与帮助：彼此关爱，在需要的时候及时给予帮助。　得分（　　）

平均分：（　　）

▶▶▶

大部分人从进入大学或者进入职场开始，与父母的沟通不可避免地会逐步减少。而一旦有了独立的生活，人们所追求的目标与父母的期望之间

也不可避免地产生差异或者矛盾，在互相抱怨"不理解、不体谅"的过程中，情感曲线很可能会走下坡路。

在这种情况下，前面提到的"情感四天使"（了解、赞美、陪伴、成就），对处理与父母之间的感情仍然是适用的。

了解。这里的了解，除了我们去了解父母，还包括帮助父母了解我们。时代在变化，每一代人所处的环境大不一样，我们不期待父母理解我们的目标和每一个选择，但是至少可以让父母更多地了解我们当前的生活状态、工作内容及一些有意思的经历。父母对我们的了解越多，担心就越少（当我开始吃素食以后，父亲担心了好几年。但是随着对我的生活状态的了解，他的这种担心终于消失了）。反过来，我们也需要了解父母在不同人生阶段的需求、目标、顾虑，为其提供必要的帮助，这有助于消除代际间可能产生的误解。

赞美。如果我们把赞美换一个说法——"表达感恩"，大家就能明白其价值了。父母对子女总是无条件地付出，子女表达一分的感恩，父母们很可能会获得十分的满足感。尽管对父母的某些价值观或者教育方式我们并不完全认可，但是他们仍然有太多的地方值得我们表达感恩之情：儿时的陪伴、学业上的辅导、物质上的帮助、人生经验的分享……下一次与父母谈到某个相关话题的时候，表达一下感恩吧。

陪伴。对与父母不在同一个城市的人来说，陪伴似乎格外困难。在这种情况下，定期的电话问候、视频沟通也能起到陪伴的作用。与前面提到的情侣间的陪伴一样，有效的陪伴需要互动与响应。拿上一些礼物，到父母那儿放下，转身就开始拿出手机，等到傍晚或者饭点后马上就离开，这根本算不上陪伴。

成就。在日常生活中，我们总能在某种程度上帮助父母建立更健康的习惯，解决某些难题。如果父母已经年长、退休，但是体力还不错，我们可以帮助他们找到合适的老年大学或者其他学习活动。也许我们不期待帮助父母提升到更高的人生境界，但是至少可以帮助他们避免一些危害，比如，帮助他们识别针对中老年人的金融诈骗。

在中国的传统文化中，人们特别强调孝。如今，大众认为孝主要体现在听话，考虑父母的感受，以及给予父母关心和物质上的帮助等方面。

但是，只要做到听话、给予父母关心和物质上的帮助，就一定就能提升与父母的情感关系，让父母拥有更加幸福的生活吗？

其实，无论对父母还是对自己的另一半，如果没有好的心智来指导自己，仅仅是听从、给予付出，很多时候反而会带来伤害。因此，我们有必要重点讨论一下人生圆桌模型的最后一个部分——心智发展。

建立成熟心智

■ 什么是真正的助人

数年前，一位企业家前辈孔先生给我讲述了三个他亲身经历并且深受启发的故事，给我很大的触动。

一

孔先生年轻的时候，与夫人一起创业，在广告、地产领域取得了很大的成就，早早获得了财务自由。因为夫妇二人的几位亲属在工作时与领导和同事的关系处理不好，孔先生便与夫人商量，既然都是家人，与其在外面受气，不如来自己的公司工作，于是在公司里给这几位兄弟姐妹安排了工作。孔先生自己做企业已经积累了不错的财富，想到兄弟姐妹们如果能住到一起会更加开心，于是也一起买了房子送给他们。对买房的钱他也并不在乎，权当是帮助兄弟姐妹改善居住条件了。但是真正住到一起之后发现，大家并没有因此变得更快乐，反而彼此矛盾不断，兄弟姐妹甚至抱怨孔先生对他们做得还不够。

二

某一次地震后，孔先生带上大量物资，亲赴灾区参与救灾。在救助过程中，他发现有一些灾民很难"伺候"：比如，今天送给他们一碗包装精美的碗装方便面，第二天给他们一包比较普通的方便面，对方立即就变得不高兴了，觉得"你看不起人，给这么差的东西，是想打发我们吗"。看到灾民的反应，孔先生很受触动，他并没有觉得这些灾民忘恩负义或者贪得无厌，而是开始思考：为什么这些灾民会有这样的行为？我们真的在帮这些灾民吗？

三

孔先生的一位医生朋友，遇到一个患有4型糖尿病的14岁女孩，该类型的糖尿病一般在中老年人群中出现。医生很奇怪，这么年轻的女孩怎么会患上这种病？与这个女孩的父母交流才发现，小女孩喜欢喝果汁，父母也不缺钱，为了满足女儿的喜好，家里常年放满果汁让她喝。"从小到大，不带味道的水几乎从来不喝"。医生感慨这对父母如此溺爱女儿，但这种爱却让女儿早早患上了疾病[6]。

看完这三个故事，你有什么感受呢？

也许你看到了自己的影子，你也曾对自己在乎的人发自内心地付出、给予过，但是这真的帮到他们，让他们的生命状态越来越好了吗？

对此，孔先生的一句总结让我受益多年，我也借用这句话启发了很多身边的朋友：**凡不在心灵上帮助他人成长，而一味在物质上给予帮助，最**

终会害了他人。

要想理解这个道理，并且能真正做到在心灵上帮助他人成长，我们自己先要具备成熟的心智。

2013年，江西省新余市的4位企业家，投资3000多万元人民币，盖了72套联排别墅，免费赠送给故乡贫困的乡亲们，对此乡亲们一片欢腾。

2018年初，广东省湛江市的一位企业家拿出更大的手笔，出资2亿元人民币，建了258套别墅赠送给故乡的父老乡亲们。结果这次捐赠闹出各种矛盾，村民们非但没有感激，反而开始各种索要赔偿：有的人因为要拆老房建别墅，要求除了送别墅，还要赔偿金；有人提出子女结婚了，要求多分一两套；有的人户口外迁了，也回来索要别墅……各种奇怪的要求层出不穷，别墅建好了分不出去。

这边的闹剧还没结束，在2018年末，广东茂名的一位企业家又加入了"送楼俱乐部"，决定给故乡的每位村民捐赠一套4室2厅的房子。房子没有开建，首先设计各种规则，什么样的人可以领，什么样的人不能领。

除了赠楼、赠房，还有各种企业家回家乡派发大额现金、派送家电。这种故事最近10多年来不停上演，媒体通常为此叫好，即使引发了矛盾（比如有村民抱怨分配不均，索要赔偿等），媒体上出现的往往也是讨伐村民贪婪本性的声音。

有人评价说，"一碗饭养恩人，十碗饭养仇人"。好处给多了，人们反而不会懂得感激。然而，问题的实质不在于"应该给一碗饭，还是给十碗饭"，而在怎样提供"合理有效的

> 凡不在心灵上帮助他人成长，而一味在物质上给予帮助，最终会害了他人。

123

帮助"，怎样做一个"心智成熟的助人者"。

如果一位企业家连续10年给村民派发现金，部分村民甚至一次就分得数万元，那么这些人在第11年的时候会拥有什么心态？正如孔先生讲的救济灾民的故事，这些每年分到钱的村民很可能会认为，有人就是欠自己的，自己就应该每年无偿得到一笔钱。村民就这样把"受到捐助所得"等同于"理所应得"。这真的是在助人吗？

■ 完善知识层级

人们所学习、获得的知识可以分为三个层面，我们通过图4-6来说明知识的三层级模型。

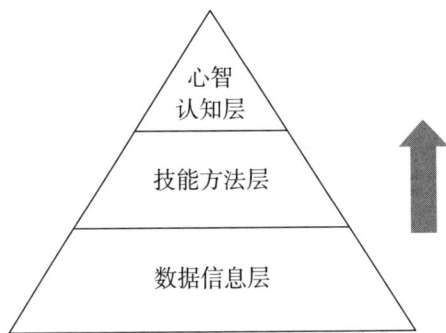

图4-6 知识的三层级模型

我们日常接触最广泛也最容易掌握的是第一层，即数据信息层。比如，"今天发生了什么重大事件""历史上谁当选过美国总统""某个企业推出了什么新产品"。人们每天通过看新闻或者与人聊天就能获得这些信息。用计算机来做比喻，这就好比我们存放在电脑中的各种数据文件。

第二层是技能方法层。比如，"如何合并企业的财务报表""如何设计新产品营销方案"。我们不仅要掌握前一个层面的信息（比如财务数据、新产品的功能、竞争对手产品的情况），更需要掌握加工、处理这些信息的方法。同样用计算机来做比喻，这一层的知识就好比电脑中的各种应用程序（可以用来运行文件，解决各种特定的问题）。

第三层是心智认知层。这一类知识涉及人的判断力、价值观。比如，应该如何应用自己掌握的数据和方法？如何判断什么是好的、有价值的信息？通过这些方法我应该追求什么……用计算机来做比喻，这一层的知识就好比电脑的操作系统，它决定了我们如何理解、应用各个类型的知识和方法。如果一个操作系统不升级，那么很可能高级的程序就无法运行、很多数据就无法读取。对于心智没有成长的人，前沿的知识、经典的学问（比如亚里士多德的著作）就如同电脑操作系统无法识别的文件。

> 对于心智没有成长的人，前沿的知识、经典的学问就如同电脑操作系统无法识别的文件。

令人遗憾的是，目前的基础教育、职业教育甚至大部分的高等教育，几乎都是围绕前两个层级的知识展开的。人们极少有机会获得发展自己心智与认知的指导。前面我们看到的爱心企业家，可能掌握最前沿的市场信息，具备很强的赚钱能力（前两个层面的知识），但对第三个层面的知识无疑是非常欠缺的，他们并没有理解"我到底要解决什么问题"或者"怎样才能真正帮助他人"。

■ 提升心智发展

众多的例子都告诉我们，仅仅靠金钱和爱心并不一定能给自己关爱的人带来真正的帮助。如果我们希望过有意义的人生，为自己和他人做出有价值的事，除了拥有爱心、物质基础和技能，我们更需要不断提升自己的心智水平。

成熟的心智至少包含以下三个方面：（对事物本质的）辨识力、（对情绪的）控制力以及（对生活的）目标感。

提升辨识力

如果不提升对事物本质的辨识力，我们就只会停留在"自我感觉良好"这种表面的成就感和满足感（甚至炫耀）之中。比如前面这些献爱心的企业家，他们缺少对"何为真正帮助他人"这一问题本质的理解，所以只停留在"派送"的行为层面，最后反而引发各种矛盾。

如何提升辨识力？由于基础教育在这一领域做得不足，需要我们自主学习。系统性地阅读逻辑学、心理学、统计学的书籍（思考性的阅读）或者参加相关的培训，对提升辨识力非常有帮助。当具备这些领域的基础知识后，我们就能迅速识别出很多似是而非的假象。

通过统计学识别假象的例子

假设你患有某种慢性疾病，每当出现恶劣天气的时候身体某个部位就会疼痛，几次治疗都没有太好的效果。你的家人从故乡亲人那儿得到一个"神奇"偏方，并且告诉你，他们的3个亲人服用以后都治愈了这种病痛，他的某个同事通过这个偏方也治好了同样的疾病。看着偏方上各种古怪成分，你一开始不太相信，但是听说身边有这么多的成功案例，你也有些相信了。那么这个偏方果真有效吗？

首先，证明药方有效的样本（sample size）只有4人，仅凭这个样本量很难证明其有效性。

其次，也是很重要的一点，样本存在选择偏差问题（selection bias）。家人提到4个患者使用之后治好了，但是没有提到有多少患者使用之后并没有治好，也许有10多个亲人或者同事患者使用后完全没效果。

此外还有一个问题，缺少对照组（control group）：不使用这个偏方（以及任何其他药品）的患者，是否有自然恢复的情况呢？

以上的分析是想告诉大家，这种通过身边个案得出的结论其实未必正确（也许偏方真的有效，但是这种证明方式是无效的）。对于这类偏方，如果成分相对安全可靠，那么试试无妨；如果不能确定成分的毒性，那么最好咨询专业的医务人员。

▶ ▶ ▶

提升控制力

控制力指的是对自我情绪和心理状态的掌控能力。很多人可能头脑聪明，为人也正直，但一遇到不如意的事情就大发脾气或者陷入焦虑当中，糟糕的情绪控制力给职业发展、家庭生活都带来了麻烦。

人们常说，有的人天生就脾气大，天生就容易焦虑。把控制力归因于天生的性格因素，会让人认为情绪控制力具有静态、固定、难以改变的属性。

> 人们的心理承受力、控制力其实就像肌肉的力量一样，可以通过训练不断增强。

然而事实并非如此，人们的心理承受力、控制力其实就像肌肉的力量一样，可以通过训练不断增强。没有人刚出生就能举起来100多公斤的杠铃，我们看到的运动员、健身者能够举起巨大重量的器械，正是一步步训练、不断提升的结果。

在情绪控制力方面，如果我们没有经历任何训练，那么这种能力就仍处于"出厂设定状态"（default setting），没有任何升级，所以行动总容易被情绪牵着走。反之，通过不断训练提升情绪控制力，我们能更好掌控自己的情绪，在压力下保持更加清醒的头脑来应对各种挑战。

有两种方式提升自己对情绪和心理状态的控制力。

训练场意识（打怪意识）。 每当陷入愤怒或者焦虑的情绪当中时，我们的注意力就容易被情绪牵引，而很难专注于所面临的问题本身。我自己也遇到过这样的情况。好几年前，有一个年轻同事把其负责的一个比较烦琐的任务用很冠冕堂皇的理由推给我。当时我立即产生了情绪化的反应："怎么小小的年纪，这么早就学会了推卸责任。"但很快我就注意到，自己条件反射般地去批评对方，表明我的情绪已经不受自主掌控了。对这种情况，我们可以想象自己正处于"控制力的训练场"，好比生活给我们安排了这样一个练习来提升自己的情绪控制能力。就像玩电脑游戏打怪升级的过程一样，打的怪物多了，你的能力级别就提升了。未来在工作、生活中再遇到有人来添乱或者制造麻烦，你就可以将其当作检验自己处理困难事务能力的"怪物"，避免对他产生情绪，而会把注意力集中到怎么解决问题上来。著名的企业家稻盛和夫提到的"生命是灵魂的训练场"[7]，也正是这个道理。

思想实验（假设困难）。 这个方法有些类似企业在项目管理中做不同的预案，针对可能发生的问题和状况，提前设想如何应对。在个人层面，我们可以假设有人用不合理的方式对待我们，或者计划中的事情没有顺利地进行，遇到这种情况我们该如何应对。提前做这一类思想实验，在真正遇到恼人的场景时，我们就能更好地避免被情绪牵绊。

像训练肌肉一样训练控制力

对很少锻炼的人来说，单臂举起20公斤的重物是非常困难的事情。但是我们可以先从举5公斤的哑铃开始训练，慢慢地过渡到10公斤、15公斤、20公斤，甚至25公斤。当你能举起25公斤的哑铃时，可能感觉很吃力，但回过头再举20公斤的哑铃，你会发现竟然如此轻松。

同样，对于心性缺少训练的人，一件小事就可能让他们焦虑很久，因为其心灵承受力一直停留在"5公斤"的水平。一直不训练，很可能一辈子都停留在这个水平。如果某些挫折和困难碰巧发生到自己头上，经历完也没有总结应对方法和心态上的变化得失，自己的承受力也不会得到提升。

所以，我们应该学会主动寻找训练的机会，寻找能给予自己指导的教练（智慧的朋友）。把接下来遇到的每一个困难，以及令自己生气的事情，都当作健身房里的哑铃，通过训练，增强自己举起、控制哑铃的力量，如此，我们的心智力量也会越来越强大。

▶ ▶ ▶

在此，我们可以一起做一个简单的练习。针对下面两个问题，我们先分别列举出2—4个答案：

1.过去2年来，某某某对我说过怎样的话或做了怎样的事，令我非常生气？

- _____;
- _____;
- _____;
- _____;

2.过去2年来，发生过哪些事情，令我非常焦虑？

- _____;

- _____ ;
- _____ ;
- _____ ;

请认真思考上面两个问题，用笔写下来会更有帮助。只有做一次完整的思想实验（而不是只看看题目），才能起到真正提升情绪控制力的作用。

这里我们提供几个例子，试想当遇到下面的情况，你会有怎样的感受？接下来最想干什么？

- 你要参加一个重要的商务会议，开车赴约。路上有人在抢道超车时把你的车刮了。你下车检查发现油漆刮掉了一大块，而对方车主一丝歉意都没有……

- 因为一个重要的工作项目，你加班很晚才回到家，此时已经是深夜。突然，你的电话响了，你的上级又给你布置了一个任务。这个任务对项目本身毫无价值，但上级让你必须当天做完交给他……

- 你周末去看望父母，看到父母门口有很多快递箱，发现都是父母看电视购物节目时买下的不知名保健品。在此之前你已经反复劝告父母，不要相信这类产品……

接下来，针对前面的问题1，假设同样的人，今天对我说了同样的话或者做了同样的事情，我会如何回复或者应对？

- _____ ;
- _____ ;

针对问题2，假设同类型的事情今天又发生了，我会怎么看待这个问题？下一步我该做什么？

- _____；
- _____；

做一次这样的训练，相当于完成了一次针对控制力的健身训练。需要说明的是，提升对情绪的控制力并不是让我们失去脾气，一味地隐忍。情绪管理是迅速识别自己的情绪状态，并做出理性的应对。

"控制不住情绪而发脾气"（大多数人）与"策略性地发脾气"（谈判大师会利用这种方式给对手施加压力），两者的差异是巨大的。前者是失控状态，甚至不知道自己下一步会说出什么；后者则能掌控自己每一步的行动。而我们需要做的正是像后者一样，通过有效的训练，帮助我们在遇到原本容易令自己失控的事情时及时抽离，并采取正确的思考和行动，从而不让自己变成情绪的奴隶。

此外，关于提升控制力，我们还可以向身边智慧的朋友寻求帮助。如同健身训练，找到好的教练可以帮助我们更好地提升训练效果。可以参考本书第五章中的"朋友圈审计"（第152页），向智慧的朋友请教，看看他们如何面对令人气愤、难过、焦虑的情况，了解他们心智成长的经历，然后借鉴他们的方法，有效提升自己。

拥有目标感

在闲暇的时候（假设有半天的时间，没有任何生活上、工作上的相关任务，也没有事情需要提前准备，而且已经休息得很充分），你通常会干什么？

下面列出的事项中，你会做哪些，如果有这里没提到的可以在后面补充。请给出你的答案，稍候我们将会用到。

- 刷社交平台（朋友圈、直播、约会等）；

- 追剧；

- 看综艺节目；

- 逛街、网购；

- 看书（注明图书类型）；

- 玩游戏或者邀朋友打牌；

- 练习摄影或者绘画；

- 运动；

- ＿＿＿＿＿＿；

- ＿＿＿＿＿＿；

- ＿＿＿＿＿＿；

- ＿＿＿＿＿＿；

- ＿＿＿＿＿＿。

"人生的目标是什么？"

"你的生活是否有明确的目标和方向？"

每当看到这类问题，大部分人会有些无所适从。"生活的目标"给人感觉宏大、抽象、难以描述。但事实上，这几个问题的答案很简单，而且各位已经回答了，就在刚刚的练习里。

　　看看你所列出的自己在闲暇时段经常做的活动，哪些属于同一个领域？比如，某人经常看的展览、阅读的书籍都集中在历史或者艺术领域，经常参加的社会活动、关注的新闻都集中在教育领域等。

　　一个人在闲暇时间所做的事情，如果大部分都指向同一个领域，那么这个领域就是其当前的人生目标和方向。如果在空闲时间所做的事情纯粹是为了打发时间、获取短暂欢乐，那么这个人就没有目标感。

　　有目标感的人，在闲暇、自主的时间里也会向着自己的目标方向努力，积累相关的知识、打磨该领域的技能、创造新的进步机会。因为这种目标来

> 一个人在闲暇时间所做的事情，如果大部分都指向同一个领域，那么这个领域就是其当前的人生目标和方向。

自内心的追求和向往，而不需要外部的激励或压力（比如工资报酬、领导的要求）。

　　如果你还没有明确的方向，建议你直接翻到本书的第七章中的"确立人生顶点（Spike）模型"部分（第194页）。通过这个模型你可以清楚地区分兴趣和aspiration（具有热情、使命感的事物），从而帮助我们找到人生的目标感。

　　有的人可能将目标指向某一种技能或者艺术，有的人可能将目标指向情感关系，还有的人则可能将目标集中于某种社会活动。

　　图4-7展示了人生目标方向的金字塔模型。大部分人的目标集中在最下方的层级，也就是第一层级：生活状态的提升。比如，在没有外部要求时也主动提升职业技能、参与培训、看商业技能相关的书籍等，其背后都有一个相同的原动力，即提升自己的职业发展目标与收入水平，而最后的目的可能与某些生活享受的提升相关（给自己或家人）。

在第二层级，目标集中于理念与智慧的提升。处于这一层级的人比上一个层级的要少许多。进入这一阶段，人们追求的原动力已经不再是物质享受上的提升，而是精神层面的享受，比如，对哲学的思考，对艺术的追求。

在第三层级塔尖的位置，则是超越个体的目标感，该目标下的受益者已经远远超越了自己及家人的范畴，比如，对教育或环保的贡献与追求，对国家、社会甚至更广泛层面的思考。

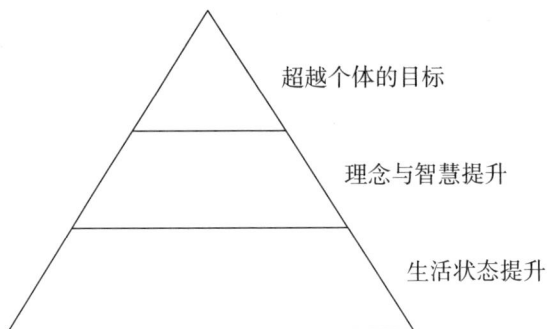

图4-7　目标方向的金字塔

目标的三个层面并无好坏之分，但越往上发展，对人的要求越高。第一层级的追求，比如，更多的美味佳肴、名车豪宅，更像是生物体的本能追求，不需要任何教育就能产生。第二层级的追求，不经过一定的学习和知识积累则无法生成。而第三层的追求以及这种追求带来的充实感，需要更高的心智才能体会到。人们对这三个层级目标的追求，是一个不断升级的过程（包括能力、智慧多

真正优秀又有高追求的人，一定不会只限于让自己变得更好更强，而是能让自己周围的环境、身边的人一起变得越来越好。

方面的提升)。一个人如果自己一无所长,却天天抱着拯救全人类的想法,这只是幻想。而当一个人的目标感足够强大、高尚,那么他在知识、理念层面上不仅会自发地进步,而且还会激励身边的人也向更好的方向发展。

为何出现优质的"剩男剩女"

近年来,随着人们结婚年龄的推延,大都市中的"剩男剩女"(不婚主义者不在探讨范围中)越来越多,其中不乏颜值、能力都非常出众的人。在他人眼中这些位于"食物链顶端"的人似乎没有任何理由成为婚姻市场上的"剩者"。

有的人说,因为这些人太优秀,比身边的人好太多,一般人难以配得上他们。这么说好像有道理。但我认为,这恰恰说明这些人**"还不够好"。因为他们只是让自己显得优秀,还没有能力让他们身边的人也一同变得更好。**

真正优秀又有高追求的人,一定不会只限于让自己变得更好更强,而是能让自己周围的环境、身边的人一起变得越来越好。仅仅在人群中凸显出自己的能力或者人品比他人高,那只是不断在寻找优越感而已。

▶ ▶ ▶

当我们在辨识力、控制力、目标感这三方面不断提升时,我们的心智发展(人生圆桌的桌面)也会越来越宽广。在上一章中,我们讲到了如何将"人生行动坐标图"左上角的事项转移到右上角,本章则介绍了如何进一步丰富右上角的内容。

提升情感状态能让我们越来越享受与恋人/配偶、亲人之间的情感关系。而随着心智的提升,我们将能更好地享受生活(更具慧眼的辨识力、更少的愤怒与焦虑、更充实的目标感)。这时,在"人生行动坐标图"右上角这个黄金区域当中，会积累越来越多的"财富"（如图4-8），从而成就"丰赢"的人生。

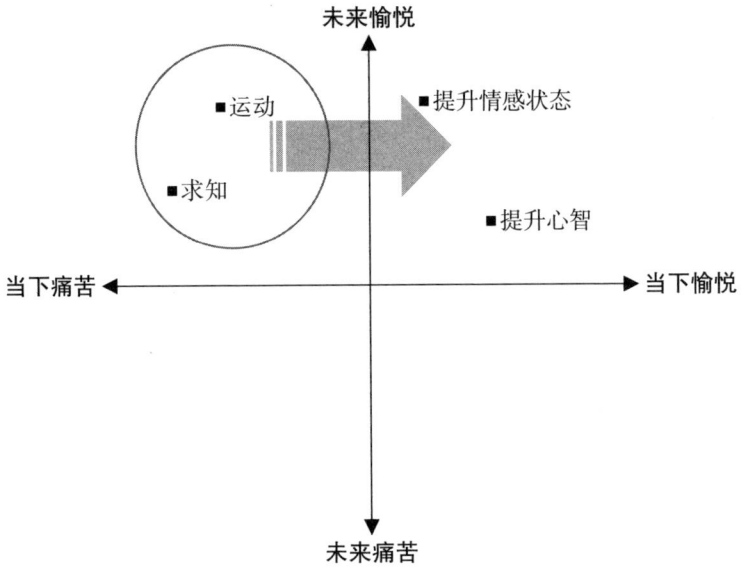

图4-8 成就"丰赢"人生

本章总结 SUMMARY

◇ 人生圆桌模型：一个稳固的人生，至少需要健康、财富、情感关系三个支架。此外，心智发展是实现充实、有意义的人生不可或缺的一部分。人们很容易过分关注某一个支架而忽视了其他方面。

◇ 在处理与另一半的情感关系中，我们需要努力避免批评、反驳、鄙视、冷漠的行为，尤其是在双方意见不一致的时候，要克制自己批评、反驳的冲动。

◇ 在情感关系当中，我们应该多使用"情感四天使"：了解、赞美、陪伴、成就。对父母，我们同样可以使用"情感四天使"来加强彼此间的情感关系。

◇ 成熟的心智包含三个方面：对事物本质的辨识力、对自我情绪和心理状态的控制力、对人生的目标感。我们可以通过学习逻辑学、统计学、社会心理学等学科有效地提升辨识力；可以像训练肌肉一样训练自己的心理控制力；可以通过知识、能力、理念的不断提升，寻求更高层的人生目标感。

◇ 帮助他人的本质：凡是不在心灵上帮助他人成长，而是一味给予物质的帮助，最终会害了他人。要想在心灵上帮助他人成长，我们自己首先要不断提升自己的心智发展。

附录：创造感情火花的36个问题清单

这是心理学家阿瑟·亚伦开发出来的一个问题列表。实践证明，即使两个陌生人，互相问答完这36个问题，也能显著提升产生爱情火花的概率。可以毫无疑问地说，如果你将这个问题列表熟记于心，那么无疑你就掌握了约会（相亲）场合的制胜武器！

对于已经成了恋人／伴侣的人们，相互之间进行一次这样的问答，无疑也能加强相互间的了解，创造出更多的爱情火花。

以下是完整的创造感情火花的36个问题清单：

1. 假设你能邀请到世界上的任何人，你会邀请谁一起晚餐？（Given the choice of anyone in the world, who would you want as a dinner guest?）

2. 你希望成为名人吗？希望自己因为哪一方面而出名？（Would you like to be famous? In what way?）

3. 在给人打电话之前，你会先尝试演练一下说什么吗？为什么？（Before making a phone call, do you ever rehearse what you're going to say? Why?）

4. 你理想中的完美一天是怎样构成的？（What would constitute a perfect day for you?）

5. 你上一次唱歌给自己听是在什么时候？上一次为某人唱歌是在什么时候？（When did you last sing to yourself? To someone else?）

6. 假设你能活到90岁，而且自30岁之后的60年你可以一直保持30岁时的身体状态或者30岁时的思维状态，只能二选一的话，你会选择身体还是思维？（If you were able to live to the age of 90 and retain either the mind or body of a 30-year old for the last 60 years of your life, which would you choose?）

7. 你是否想过自己会以什么方式离开这个世界？（Do you have a secret hunch about how you will die?）

8. 请说出3个看起来你和我所具备的共同点。（Name three things you and your partner appear to have in common.）[8]

9. 你对你生命中的什么最为感恩？（For what in your life do you feel most grateful?）

10. 如果你能改变你的成长经历中的某一方面，你会改变什么？（If you could change anything about the way you were raised, what would it be?）

11. 请用4分钟尽可能详细地介绍你的人生故事。（Take four minutes and tell your partner your life story in as much detail as possible.）

12. 如果你明天一觉醒来就能具备某种特质或者能力，你希望具备什么？（If you could wake up tomorrow having gained one quality or ability, what would it be?）

13. 如果有一个水晶球可以告诉你关于你自己、你的生命、你的未来或其他某一方面，你希望它告诉你什么？（If a crystal ball could tell you the truth about yourself, your life, the future or anything else, what would you

want to know?）

14. 是否存在某件事，一直以来你做梦都想完成？为什么你到现在还没做？（Is there something that you've dreamt of doing for a long time? Why haven't you done it?）

15. 截至目前，你生命中最大的成就是什么？（What is the greatest accomplishment of your life?）

16. 你最看重友谊中的哪一方面？（What do you value most in a friendship?）

17. 你最为珍贵的一段记忆是什么？（What is your most treasured memory?）

18. 你最糟糕的一段记忆是什么？（What is your most terrible memory?）

19. 假设你一年后会突然离世，那么你会改变自己当前的某些生活方式吗？为什么？（If you knew that in one year you would die suddenly, would you change anything about the way you are now living? Why?）

20. 友谊对你来说意味着什么？（What does friendship mean to you?）

21. 爱慕 / 恋爱在你的生命中拥有怎样的意义？（What roles do love and affection play in your life?）

22. 两人轮流说出各自认为对方所具备的好的特点，每人说出5个。（Alternate sharing something you consider a positive characteristic of your partner. Share a total of five items.）

23. 你家人间的亲密 / 关爱程度如何？你认为自己的童年比其他人更快乐吗？（How close and warm is your family? Do you feel your childhood was happier than most other people's?）

24. 你感觉自己与母亲的关系怎样？（How do you feel about your relationship with your mother?）

25. 请用"我们"开头造3个句子,这3个句子必须是真实的。比如:"我们俩现在都在这个房间,并且感觉……"(Make three true "we" statements each. For instance, "we are both in this room feeling...")

26. 把这个句子补充完整:"我真希望有一个人,我能和他/她分享……"(Complete this sentence "I wish I had someone with whom I could share ...")

27. 如果我和你能成为非常要好的朋友,那么有哪些很重要的事是我需要知道的。(If you were going to become a close friend with your partner, please share what would be important for him or her to know.)

28. 请告诉我你喜欢我身上的哪些方面。请诚恳地指出,不要用通常跟刚刚认识的人客套说话的方式。(Tell your partner what you like about them. Be honest this time, saying things that you might not say to someone you've just met.)

29. 请告诉我你的一次尴尬的经历。(Share with your partner an embarrassing moment in your life.)

30. 你上一次当着别人的面哭泣时是什么时候?上一次你独自一人哭泣时是什么时候?(When did you last cry in front of another person? By yourself?)

31. 请告诉我你已经喜欢上关于我的哪一点。(Tell your partner something that you like about them already.)

32. 你是否认为有些事是极其严肃、不适合开玩笑的?如果有,是什么?(What, if anything, is too serious to be joked about?)

33. 如果你今晚就要去世了,而且在此之前没有机会与其他人联系,那么你最后悔没有跟某人讲的是什么？为什么到现在为止你还没有告诉他们这些？（If you were to die this evening with no opportunity to communicate with anyone, what would you most regret not having told someone? Why haven't you told them yet?）

34. 假设你的家失火了，所有的家人都被救出来了，现在你还有最后一次机会冲回去拿出来一个物品，你会拿什么？为什么？（Your house, containing everything you own, catches fire. After saving your loved ones and pets, you have time to safely make a final dash to save any one item. What would it be? Why?）

35. 你家里的谁如果去世了会让你最难过？为什么？（Of all the people in your family, whose death would you find most disturbing? Why?）

36. 告诉对方你遇到的某一个生活中的难题，并向他/她请教一些建议，询问对方怎么看待这个难题。（Share a personal problem and ask your partner's advice on how he or she might handle it. Also, ask your partner to reflect back to you how you seem to be feeling about the problem you have chosen.）

重要提示：这36个问题层层深入，越来越深入地挖掘对方的内心想法和感受。对刚刚认识的人，如果提问到某几个问题，对方表现出不愿回答的意愿，那么最好停止继续问，否则很有可能引起对方的反感。另外，切勿以不正当的动机使用这个工具。

第五章
避开深渊

如果你有结余，你可以随随便便地把钱给别人，但是决不能让你的名字随随便便地出现在需要承担责任的地方。

可以随便给钱，切忌随便留名

2017年5月，世界乒乓球锦标赛在德国杜塞尔多夫举行。就在开赛的第二天，前世界冠军、中国女子乒乓球主教练被中国乒协紧急暂停教练职务，并且立即被召回国内接受调查。如果不是因为极其重大的事件，中国乒协是不会在这么重要的国际比赛上做出临阵换帅的决定的。消息一出就引起了公众的广泛关注。随后各大媒体爆出了该主教练在新加坡的赌场欠下巨额赌债，并被该赌场在香港最高法院起诉的消息。

紧接着，当事人发表微博声明，称自己是在2015年2月"利用春节放假4天带父母及亲朋好友去新加坡旅游，亲朋好友在居住酒店楼下的赌场娱乐"，而他本人"在旁边观看，其间帮他们去取筹码并留下相关私人信息"。

针对这个事件，媒体给出了多种解读，有的说当事人被赌场的中介忽悠，通过中介做担保预借筹码（相当于贷款），并进入了赌场的VIP包间，输光后欠下了赌债。也有的说他确实是帮朋友取筹码，自己并没有参与赌博，但预借筹码时是自己签字确认的。无论事情的真相如何，可以肯定的是，当事人以个人的名义预领了筹码，并且留下了自己的签名，这也是赌场后来起诉他的依据。这位前奥运冠军、乒坛历史上的大满贯选手，在转为教练后，处于不断上升势头的教练生涯因此而戛然中止，实在令人惋惜。

尽管人们容易因为当下的享受而被"人生行动坐标图"中的D区域（图5-1）的事项吸引，但很少有人会主动去做B区域的事（当下让人不爽，对未来也无益）。通常人们陷入B类活动有以下几个原因。

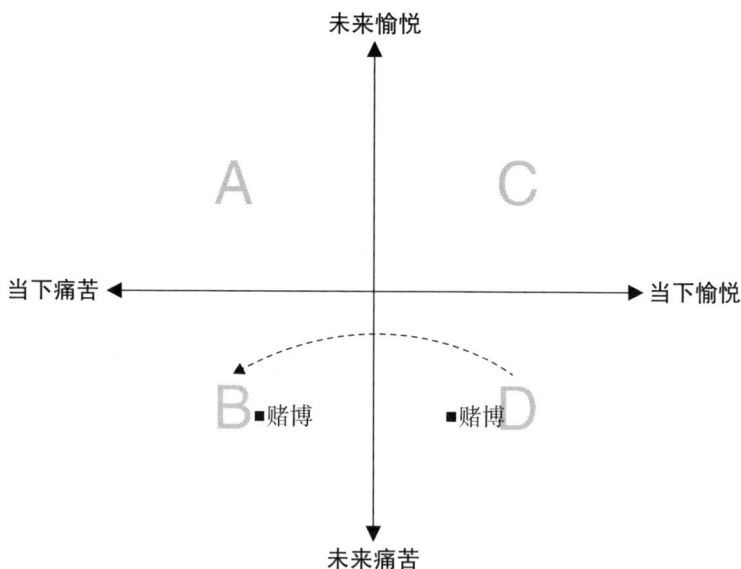

图5-1 "人生行动坐标图"中的B区域事项

被人误导或者陷害。比如，在前面提到的赌博事件中，有媒体分析是赌场里的职业中介（赌托）认出了这位奥运冠军，为其提供担保诱导他借出大笔筹码进入赌局。

因为冲动或者信息不全面而做出了错误决策。很多时候，人们自以为理性的决策其实并非最佳决策。尤其是当人们陷入冲动的情绪或者在没有全面掌握信息而又自信很了解情况时，更容易做出糟糕的决策。

因为短期利益的吸引而逐步走向深渊。除非是数学天才，否则对任何人来说，赌博一定是D区域的活动，随着越输越多，就变成了B区域的活动（因为输钱而懊恼，急于想赢回赌资，结果输得更多，如图5-1）。对吸毒、诈骗、造假以博取经济利益、色情交易等活动，人们都有可能因为短期的一时之快而滑入深渊。

被誉为钢铁大王的安德鲁·卡耐基（Andrew Carnegie）在其自传中写有一句极为有名的忠告。

如果你有结余，你可以随随便便地把钱给别人，但是决不能让你的名字随随便便地出现在需要承担责任的地方。（You may give money freely when you have a surplus, but your name never—neither as endorser nor as member of a corporation with individual liability.）[1]

看到这句话，再回想奥运冠军、国家队主教练的赌博事件，大家是否颇有感触？如果是亲朋好友想赌博，完全可以送一笔钱给他们去玩。但是很遗憾，当事人以自己的名义去领取筹码，并且把他的名字签在了需要承担法律责任的地方。

现代企业为了避免各种可能的风险，会请优秀的律师撰写极其详细的条款。而个人客户在面对这种厚如书本的条款时，通常都不会认真阅读。回忆一下，我们大部分人在银行办理某种业务时，几乎都是被客户经理指

> 如果你有结余，你可以随随便便地把钱给别人，但是决不能让你的名字随随便便地出现在需要承担责任的地方。

引着"在这儿签名……然后在这儿签名"，几乎从不去看文件上面具体写了什么。虽然一个正规银行不太可能刻意去误导、欺诈客户，但糟糕的是，人们养成这种习惯以后，就会很随意地给出自己的签名，却没有意识

到，**每一次签名，都意味着对某一种责任或契约关系的承诺。**

在审计圈曾经流传着这样一个故事：一家著名的会计师事务所为一家制造业的上市公司提供审计服务。面对最后存在诸多疑点的审计报告，负责该项目的合伙人本不愿签字，但迫于客户和其他利益相关方的要求和利益妥协，该合伙人找了一个有签字权的高级经理在报告上签了字。结果该公司的财务造假案最终事发，代表事务所签字的高级经理承担了相应的法律责任。这个故事给我们的警示是不容忽视的：当面临巨大风险同时又具有较大收益的时候，当权者很可能找人来承担风险。那么作为非当权者，如何避免这样的风险呢？

2018年9月，我作为演讲者参加了ACCA（特许公认会计师公会）举办的一场论坛，主题是"财务人员如何培养战略性思维"。在座的数百名听众都是ACCA的会员，都是优秀的专业财务人员，有着非常好的职业前景。财务人员属于职场上相对收入较高的一个群体，而财务舞弊又是这个群体所面临的一个绕不开的话题。很多时候，财务人员在公司老板或者大股东的要求下，不得不对一些财务数字做"非合规调整"，如果不配合老板的要求，则有可能丢掉饭碗。在问答环节，一位听众问我："如何更好地应对老板在财务调整上的不合理要求。"

对此，我回答应该从两个方面来应对。

谨慎地选择工作，并且提前设立边界

选择一个正规的企业，比如大型国企或世界500强企业，在这类企业中，领导人想进行财务造假的概率会小很多（并非绝对不会）。如果进入一个相对规模较小的企业（尤其是上市民营企业），则可以通过沟通，深入了解领导人的风格和企业文化，选择一个具有专业、开放氛围的企业。此外，在加入之前，可以明确地向领导人表达："对于财务工作，本人一定会尽心尽责，用最高的标准来完成。但是，对财务的合规性，我也一定会坚守原则。"如果你提前表达了自己的工作边界，那么领导人在希望你违规调整财务数据的时候，就不会想当然地认为你应该配合。

降低自己对当前工作的依赖

拒绝老板违规要求的底气来自哪里？最大的底气来自你有外部的工作机会。如果你非常依赖这份工作，那么难免会做出不同程度的妥协。而你自己往往很难判断究竟妥协到什么程度会突破法律的边界。面对领导人不合理的要求，你最大的拒绝底气来自市场对你的认可，来自其他企业为你提供的工作机会。所以，要经常参加行业内的活动，与同行的朋友、其他企业的领导人保持沟通，同时不断加强自己的专业能力，了解不同行业财务处理的方法和惯例，让自己时刻在职场上保持竞争力。

以上两点是我在论坛上的发言，也同样适用于本章节"如何避开陷阱"这个主题。除此之外，还有两个方面值得我们付出努力：提升法律意识，同时多结交正直且智慧的朋友。

■ 持续提升自己的法律意识

一位央企领导人曾给我讲述了一个真实的故事：一位朋友在国企担任领导职务，在业内也比较有名望。一个生意伙伴成立了一家新公司，希望股东里面有知名人物，这样有利于生意的展开，于是拉这位国企领导入伙，承诺免费赠送给他10%的股份。公司的注册资本达1亿元人民币，这就相当于免费赠送给他价值1000万元的股权。领导人看朋友关系不错，自己也没吃什么亏，相当于自己以能力或者名声入股，获得一定股权也合理，于是爽快地答应了。

结果短短数年之后，那家公司因经营不善，背负了大量负债，最后不得不破产清算。由于注册公司的时候注册资金是认缴，而不是实缴，这位国企领导因此要承担1000万的出资义务[2]。本来是获赠一笔股份，结果莫名其妙地突然背上了一笔巨大的债务。

没有法律专业知识的人可能觉得奇怪："股份是创始人赠送给我的，为什么公司破产了我还需要赔钱？"

这里涉及公司成立时的注册资金是"认缴"还是"实缴"的区别。如果不理解这两个法律概念，很可能一不小心就会陷入负债当中。

区分"认缴"与"实缴"

公司成立的时候，注册资金可能很高，但是各个股东投入的资金并不需要在注册的时候全部缴纳。股东承诺的出资额被称为认缴额，而实际资金到位之后才能称为实缴。

前面这位领导人获得10%的股份时，公司的注册资金并没有到位，那么这10%股份其实对应的是1000万元的"出资承诺"。公司经营如果不出问题，就不会有什么麻烦，盈利好的话还可能定期获得盈利分红。但是如果公司资不抵债，破产清算，那么股东就需要补充缴纳当初认缴的金额。

在现实当中，很多企业为了显示实力，通常都以认缴的形式把注册金额写得很高。但这么做其实也无形中让自己背上了承担负债的风险。

▶▶▶

企业赠送干股的形式其实有很多种，比如，技术专家以技术入股的形式获得干股，或者有的企业为了偿还债务，做股权变更，把股权赠送给债权人等。

那么，碰到有人赠送企业干股的时候，是不是都应该回绝呢？不用。可以跟对方说："不用送那么多，但请把赠送给我的这部分股份给实缴了！"这样就规避了未来有可能背负负债的风险。或者先把注册资金写小一点，未来有了更高估值和新的投资进来的时候再增资扩股（如果不理解，请咨询身边的律师朋友）。所以说，不断地提升自己的法律意识，学习相关的知识，是非常重要的。

前文我们提到了，在任何文件、合约上签名的时候一定要小心。在生活中，有些时候我们虽然没有签名，但结果也等同于签名做出了承诺，比如，将自己的身份证交给他人去帮忙办理业务，或者将有效证件交给朋友去注册公司，成为股东……尤其是在审核机制不严格的情况下，把有效证件借给他人，就等同于给出了自己的签名。更可怕的是，你甚至不知道是在什么文件上签的。

生活中似乎处处有风险，但一个有利的因素是，随着互联网的发展，我们很容易看到各种法律案件的报道和分析。经常看看各个案件当事人是因为什么样的问题或者疏忽而陷入法律纠纷当中的，对我们提升法律意识具有非常大的帮助。如果你对这种法律新闻实在不感兴趣，那么请至少记住一条：**要像珍惜生命一样珍惜你的对外签名。**

■ 努力结交正直、智慧的朋友

每年我们都有机会不断结识新的朋友。但我们很少有机会主动思考"我现在都有哪些朋友""我应该多与哪些类型的朋友互动，多结交"，通过下面这个朋友圈审计（Friends Audit）的活动，你会对朋友分类，以及如何结交朋友有全新的认识。

朋友圈审计分为三个步骤：

第一步：将每年至少会沟通两次及以上的朋友列举出来，做一个清单。

第二步：从两个维度对清单上的朋友分别进行评估，一个维度是人品维度：为人是否正直、是否具有高尚的品格和责任感；另一个是智慧维度：是否具有丰富的知识、是否对事物有深入的分析力和洞察力。我们可以按照"高—中—低"的方式或者1—10分，给每个朋友在这两个维度上打分。

第三步：建立一个坐标系，一个轴衡量人品指数，另一个轴衡量智慧指数。根据这两个维度给你列举出来的朋友（广义上讲，朋友也包括你的亲人和工作伙伴）打分，放到坐标系相应的位置上（如图5-2）。重点关注一下图的右上区域：在人品和智慧都出众的这个区域，你填写了多少个名字？

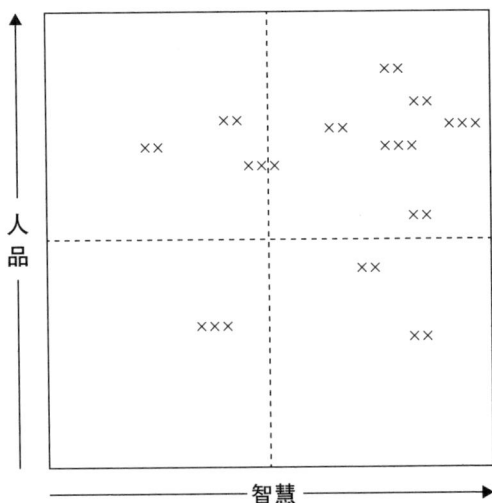

图5-2　朋友圈审计示意图

　　我们一生当中不断认识新的朋友，而对他人的了解也是一个逐渐深入的过程，因此这个图是需要定期更新的。但无论怎么变动，这个表格的目标和价值是不变的：我们应该尽量多地结交处于图5-2右上区域的朋友，并且尽量多地与其互动。这样至少有两个方面的好处：一方面，他们的人品、价值观可以帮我们建立更加正向的人生观；另一方面，当你面临风险或者不确定的决策时，咨询这样的朋友，他们更可能给出公正的建议，让你避免步入决策陷阱。

避免非理性与冲动的决策

■ 避免非理性的决策

芝加哥大学的奚恺元教授讲过一段自己坐出租车的经历[3]。有一次，他坐出租车去比较远的地方，当时有两条路可选，一个选择是走地面，但当时堵车比较严重，司机预估可能需要一个小时，车费可能在60元上下；另一选择是走高架，会绕远，但是不堵车，大约半小时就能到，车费预计得要80元。奚教授对司机说自己身上只剩60元现金了（那个时候还没有便捷的移动支付），可以全部给他，走哪条路看司机。结果司机犹豫了一下后，选择走地面路线。可能他觉得如果走高架的话，80元的生意变成60元，实在太亏了。

但事实上，走哪一条路司机更亏呢？

走地面路线：用60分钟赚60元钱。

走高架路线：用30分钟赚60元钱。

这样简单对比后，答案是不言而喻的。而这位司机却认为第一种线路是更好的选择。有人会说，走高架路线路程更远，汽车的油耗会更多。但事实上，汽车在低速、堵车情况下的燃油效率远低于在高速路上快速行驶时的燃油效率，所以走高架路线汽油成本不一定高，甚至有可能更低。此外，走高架线路能多出来30分钟，司机还可以用这段时间去接其他的客人，赚更多的钱，这一部分的机会成本也应该考虑进来。

理解机会成本

一对夫妻把闲置的位于一楼的房屋改造成小超市，用大约30万元的启动资金做起了小生意，到年底核算后，当年的销售收入减去成本，赚了10多万元，夫妻两人很开心。

他们真的赚钱了吗？我们分析一下。

第一，这对夫妻如果不经营超市而去工作，每人每年挣四五万元应该不难。第二，用于经营超市的这套房子如果对外出租，即使在比较小的城市，也能收到三四万元的租金。第三，投入经营的30万元（购买存货等），如果不经营超市，而是存入银行或者购买收益相对稳定的理财，至少有1万元多的收益。考虑到这些机会成本，他们其实亏损了。

人们为了获得某种东西而放弃其他东西的最大价值就是机会成本。这种成本比较隐蔽，所以常常被人忽视。比如，很多企业用自有的物业开展经营，免去了租金成本并以此为幸："还好是自有物业，现在租金这么贵，否则早就亏死了。"他们真该为此高兴吗？ [4]

▶▶▶

很多时候我们认为正确、理性的决定，由于缺少正确的分析视角或者完整的信息，其实是糟糕的决定。正如苏格拉底所说，"我知道得越多，认识到自己的无知也越多"。无知的人往往认为自己什么都懂，无比自信（也更容易做出错误的决定）；而知识丰富的人反而更加谦虚，不断增加自己的知识储备，经常转换看问题的视角。

为了避免滑入决策陷阱，我们需要保持不断学习的习惯，尤其是对心理学、经济学等领域知识（这些学科能帮助人们建立看待问题的不同视角）的学习。而对生活中一些重要的决定，还记得刚刚提到的朋友圈审计吧，我们可以咨询身边智慧的朋友。

■ 避免毫无收益的冲动

一位朋友在开车时被旁边的一辆车别了一下（通常被认为是一种不文明的驾驶行为），心理感觉特别不爽，于是立即加油赶到前面，一定要去超刚刚那辆车，也别对方一下。几次尝试，终于挤到对方的前面。

但驾车不同于参加拳击比赛，即使还击成功自己也没有任何实质上的收益，反而给自己带来了不小的行驶风险。如果真的因此而带来刮擦或者碰撞，自己恐怕会懊恼不已。但在自己踩下油门的那一刻，很多人都不会想这么多。

诺贝尔经济学奖得主、心理学家丹尼尔·卡尼曼（Daniel Kahneman）指出，人们有两种不同的思考系统[5]：

系统1：感性、快速的决策，依靠直觉和习惯，不经过大脑思考，消耗的能量少。

系统2：理性、缓慢的决策，依靠分析和逻辑，需要深思熟虑，消耗的能量更多。

大部分时候人们都是用"系统1"来面对各种问题的，而且可以同时做多个"系统1"的工作。"系统2"天生就是懒惰的，只有当"系统1"受阻的时候，"系统2"才会被调动起来。

当人们不断重复某件事，最终将其变成了经验和习惯时，"系统1"

就会将其合理化，再处理同类事情，大脑就不会调用"系统2"。比如，人们开车走一段熟悉的路，该往哪儿走，到哪个路口转弯，不用经过思考就能到达目的地，甚至都不记得自己什么时候给自的双腿下达过"拐弯"的指令。而到了一个完全陌生的地区，"系统1"失效了，人们就会调动注意力，寻找特定的标识，考虑应该在哪儿转弯，每一步都会印象深刻。

人们在各种情绪下的应激反应，也由"系统1"主导，不需要任何思考就会做出决策。比如，当听到有人说自己坏话时，人们的第一反应就是生气，并很可能会立即反驳，而不会把对方说的内容听完整，分析一遍之后才产生情绪。"系统1"的决策是直觉、非理性的。因此，为了避免因为一时冲动而做出错误的决策，我们需要建立一个"冲动缓冲垫"，逼自己调动"系统2"。

这里有一个方法：每当产生生气、愤怒的情绪时，自己先在心里默念并且补充下面一句话（说出来也无妨）：我接下来应该做_____，我这么做能获得的收益是：1. _____；2. _____；3. _____。我面临的成本和风险是_____。

对于产生什么样的情绪，我们通常控制不了，但我们仍有机会干预接下来的行动。在补充上面这句话的过程中，我们强迫自己列举至少三个收益。立即给出三个理由是比较困难的，这就让我们不得不启动"系统2"，进入理性思考的模式（哪怕找不出三个理由也不要紧），之后再考虑行动的成本和风险，这样我们就能更加理性地决策该怎么行动了。

生活中有太多场景需要我们更努力地调动"系统2"来避免冲动的决策：一对夫妻因为某件事展开争论，当其中一方抱怨或者批评对方的时候，另一方如果不调动"系统2"很可能会愤怒地还击，一个小小的争论可能会升级成巨大的矛盾；在工作中，人们很可能没有听完对方的讲话，只因为对方有反对自己的观点，就想立即反驳回去，这就可能会造成团队间的敌视和分裂。所以，我们要努力练习调动"系统2"思维，避免冲动决策。"冲动缓冲垫"就是一个调动"系统2"的有效工具。

防止步入深渊（滑坡理论）

一年多前我回到伦敦，一位好友热情地邀请我一同晚餐。

我是素食者，所能选择的菜品有限。不凑巧的是，当天好几种蔬菜都临时无法供应，而各种肉类菜品都很充足。他享受着美味，看到我能吃的菜少，于是鼓励我："嘿，吃点肉吧！这鸡肉，还有这个，味道可棒了！"

"谢谢，不过你知道的，我是素食者。"我微笑着回答。

"就尝试这一次。我知道你不吃肉，但今天吃一次，仅此一次，以后再也不吃了，也不会有什么大碍吧？"

我考虑了一下，思考怎么礼貌地拒绝好朋友的邀请。过了一会儿，我说道："你知道吗？做到坚持不吃肉，其实比允许自己破例吃一次要容易得多。"朋友笑了，没再劝我，这顿晚餐也吃得很愉快。而这件事让我想起了哈佛大学教授克里斯坦森（Clayton M. Christensen）的一句名言："100%的坚持比98%的坚持更容易实现。"

很多时候，我们会允许自己偶尔地违反自己的准则，并且告诉自己"下不为例"，或者安慰自己，这次就是那2%的例外，在98%的情况下，我都是能坚持原则的。就这样，我们自己为这些破例做了辩护。但是接下来我们会碰到一个棘手的难题，那就是，在未来遇到类似的情况时，我们如何判断这是属于可以破例的2%，还是应该坚持的98%呢？

很可能的结果是，我们一而再、再而三地破例，尤其是面对某些利益诱惑的时候。从修改几个小合同上的记录到大规模的财务造假，很可能就会从2%的破例开始，陷入了100%的困境当中。

未来，如果有朋友或者商业伙伴请你破例做某事，而你自己也反感这种破例行为，那么可以告诉对方，"100%的坚持比98%的坚持更加容易"。

本章总结 SUMMARY

◇ 要像爱惜自己的生命一样爱惜自己的签名。千万不要随随便便在需要承担责任的地方签上自己的名字，更不要随便许可他人使用自己的签名，也不要随便把证件借给他人去办理业务。

◇ 选择一个开放、公正的工作环境，并且提前设立边界，尤其是身处类似上市公司财务部门这样敏感的岗位的人。事前表明自己的做事边界，比他人提出请求以后再拒绝要容易得多。

◇ 在工作、生活当中，我们需要不断提升自己的法律意识，可以通过互联网等渠道了解各类欺诈、陷害他人的案例，不断提升自己的警戒意识。

◇ 朋友圈审计可以帮助我们更清楚地定位正直、智慧的朋友。增加与这些朋友互动的频次，在遇到不确定的问题或者重大决策时多向他们请教。

◇ 学习经济学、心理学等学科知识，可以帮助我们建立看待同一问题的不同视角，同时训练自己调动"系统2"思维，帮助我们避免冲动、不理性的决策。

◇ 当他人请你破例做某事或者面对某些小的违规但是能带来利益回报时，告诉自己和身边的人，"100%的坚持比98%的坚持更加容易"。

第六章

建立"生活仪表盘"

人们在驾驶汽车时，需要了解车速、剩余油量、发动机转速等数据。那么，在人生道路上，我们需要监控哪些数据？

2014年初，我在芝加哥见到一位芝加哥大学布斯商学院（University of Chicago Booth School of Business）的校友，他分享了一段很有意思的创业经历。创业之前他在一家大型跨国公司工作，需要经常出差。每次出差回来，还拖着疲惫的身体，就收到公司行政部门的通知：请赶紧整理并粘贴好出差的单据，填写报销单，然后把单据上交到行政部门。人还没有休息过来，马上就有人催着你做一堆琐碎、令人心烦地贴单据、报销工作。

相信经常出差的朋友对这样的场景深有体会。而在当时，智能手机在商务人士群体中已经相对普及，于是这位校友就想，像贴票据、报销这种工作，在智能手机的帮助下完全可以使用电子化、智能化的方法更高效地替代手工作业，大幅节省专业人士的时间。那么，是否能把它变成一个商业机会呢？

于是他成立了一家科技公司，提供非常便捷的报销解决方案。简单说，就是工作人员在外出差时，每次拿到需要报销的单据，用手机的拍照功能给单据拍照，那么这笔费用发生的时间、科目类型就在系统中保存了下来。在联网状态下，数据自动提交到了公司的后台。在出差途中，将最后一笔费用的单据拍下来，做好备注，那么整个报销过程就结束了（在美国手写的收据都可以作为报销凭证，不像在中国，必须要正式的发票）。出差回来以后，不用拿出一大沓单据，一张张分类整理、粘贴，然后再到企业的 OA 系统（电子办公系统）上提交复杂的流程申请了。

由于这个服务的创新性和实用性，确实解决了企业很实际的问题，因此，他新成立的公司很快就获得了大量的用户，业务飞速发展，销售额也不断提升。这确实是一个极具启发性、将市场痛点转变成商业机会的成功案例。但后续的事情才是真正有意思的地方。

这位校友最初设计这套解决方案的目的，是为了自己（以及经常出差的同事）的工作能更轻松一点，没想到随着公司业务的飞速发展，自己反而更忙碌了。他需要不停地见各种客户，还需要管理公司的内部运营，极少有时间陪家人吃饭，甚至周末都不能陪伴孩子。渐渐地，他感觉自己被这种忙碌的工作状态无限压榨，与家人开始变得生疏，自己的健康状况也开始变糟。意识到这些问题后，他开始思考如何更好地掌控自己的生活与工作状态，及时发现可能的偏差（如果等子女已经成年才发现自己陪伴他们太少，那么与子女的关系可能已经到了不可逆转的糟糕境地）。

一番思考之后，这位校友给自己开发了一套生活管理工具，称之为"生活仪表盘"（Life-Dashboard），之后他一直用这套工具来管理自己的生活，不但工作没有受到影响，而且生活的幸福感也越来越强。

建立"生活仪表盘"

就像人们在驾驶汽车的时候需要了解车速、剩余油量、发动机转速、水温等数据一样,通过建立"生活仪表盘",人们能够预判风险,并且在可能的问题爆发之前提前发现、解决它们。

"Dashboard"的字面意思是"汽车驾驶座前面的仪表盘"。这位校友给自己的生活状态设立了一系列的监控参数,所以称其为"生活仪表盘"("Life-Dashboard",简称"Dashboard")。对每一个监控参数都设立一个警戒指标(就好比汽车上的油表,低于一定数量就会发出警示信号)。他的"生活仪表盘"所监控的各个项目当中,我印象最深的几条是:

- 每周给孩子睡前讲故事的次数(bedtime story with my kids):尽可能在孩子睡觉前在他们床头给他们讲睡前故事。自己设定的指标是每周2次。如果某一周少于2次就会触发警戒(如图6-1)。

- 每周陪妻子吃晚餐的次数(dinner with my wife):记录下每周有多少天的晚餐是和妻子一起吃的。自己设定的指标是每周不少于3次。如果某一周少于3次就会警示自己,必须给予注意,然后做出一定的

图6-1 陪伴子女的"生活仪表盘"示例图

补偿。（有朋友反馈，随着职业的成长和晋升，一个人的应酬会越来越多，要想回家吃晚饭已经变得很难。但其实可以参考一下别人的做法。我的一位在事业和生活上都经营得非常成功的师兄——林少伟先生——曾任职于教育部下属的高校科技成果产业化促进中心和投资基金——他的做法是，即使晚上仍有工作应酬的需要，他也会尽量约在晚饭之后喝茶，先回家吃完饭再去赴约。对此，对方通常也会理解。）

- 每天睡觉的时间（how long I sleep）：每个人有不同的睡眠周期和睡眠时间需求。绝大多数人的每日睡眠需求在6—9个小时之间。随着年龄、身体状态的变化，这个数值也会变。这位校友给自己的睡眠警戒线是每日7.5小时（本章的附录部分，介绍了测量自己每日睡眠需求的方法，以及如何更好地管理睡眠）。如果连续出现每天睡眠时间低于7.5小时的情况，那么健康状况、工作效率必然会受到影响。这一点与当今流行的"职场价值观"是相反的，这也正是让我深受触动的地方。如今不少人把少睡觉当作一种荣耀，甚至将其当作自我炫耀的资本。这个关于睡眠的指标并不是鼓励人们懒惰、多睡觉，而是让人们关注自己最基本的健康需求，避免因过分透支健康而造成长远的伤害。

- 每天锻炼的时间（how long I exercise）：这一点很好理解，监控自己的锻炼情况。很多人都意识到锻炼的重要性，有意愿但没毅力，没法坚持。建立这样一个"生活仪表盘"则给人一个更加具体的锻炼目标（每周需要多次、每次多久，而不是"需要锻炼"这么模糊的目标），同时把目标展示出来，无论是贴在家里的大门背面，还是卧室里、书桌上，都能给自己更好的提醒和激励（关于如何让自己更好地坚持，后文将会介绍具体的方法）。

在听到校友的分享之前，这些"生活仪表盘"上面的项目是我从来都不会关注的，甚至可能会认为其过分琐碎，不值得注意。我以前也会抽空去锻炼，但通常是极其空闲或者心血来潮的时候才去，从来没有记录过自己的运动频次（不过可以肯定的是，没有达到能有效促进健康的频次要求）。我很早就明白人生中很多重大的进展或者严重的问题都是由很多细小、琐碎的事情累积起来的，但此时我才清晰地意识到，如果不找准这些细小的事情，并且对它们进行监控、改进，那么我们就等同于用"甩手掌柜"的心态，任由好或不好的人生大事发生。

当人们问"一个企业经营得怎么样"时，大家会去看营业额、销售增长率、利润率、新产品研发的速度、资产回报率等。而当人们问到"一个人过得怎么样的时候"时，大家往往会一愣，然后用"很好""还行""不怎么样"这样的抽象词汇来描述。

一个人的生活状态是变好了还是变坏了，只用这种抽象的描述很难比较。我们可以把生活状态细分一下，看其中的一个层面：一个人的健康状况。对此，我们大概会用一些体检的常见项目来衡量，比如，血压、血脂、体脂率等数据。有了这样一些数据，我们就可以在不同人之间进行比较了。而影响健康状况的因素包括饮食习惯、运动的情况、生活作息等，这些也相对容易衡量。

接下来，我们再看一个更抽象的层面：一个人的情感状况。这一点就比较难衡量了。我们可能会用争吵或冷战以及亲密沟通的频次来做衡量（想找到全面准确的衡量方法比较难）。对影响情感状况的因素〔已经有众多的研究表明，夫妻（恋人）之间的一些日常行为，对两人的情感状况具有重要的影响〕包括：两人在一起相处的时间、两人是否进行过深度沟通，以及沟通的频次；两人日常对话的语言方式；向对方展示珍惜和爱意的行为等[1]。可以参考本书第四章当中的内容（第99页）。

而我们建立的"生活仪表盘"就是为了提前关注这些可衡量的影响因素，避免等问题发生了我们才意识到问题。通过监控、提前预警风险，能够帮助我们改变自己的某些行为习惯，从而让这些影响因素朝着更有利的方向改变。

前文我们讲到了"人生圆桌模型"（参见第四章），如图6-2。一张桌子要想稳固至少需要三条腿，而一个充实的人生也至少需要三条支柱，分别是健康、情感、财富。而这张桌子能有多大，能够放下多少东西，还取决一个重要因素，就是桌面的大小。人一生的深度，或者抽象地说，"人生意义"则取决于心智发展（intellectual development），就如同这张桌子的桌面越坚固、越宽广，那么桌子所能承载、接纳的东西就越多。

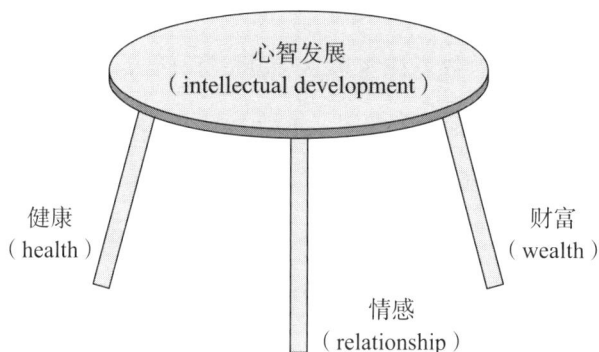

图6-2 人生圆桌模型

所以，要想实现一个"赢家"的人生，我们需要从健康、情感、财富、心智发展四个维度共同提升。找准这四个维度的影响因素，然后将其转化成一个个可衡量的事项，从而建立自己的"生活仪表盘"。

在设立"生活仪表盘"的事项和指标（警戒线）时，我们可以从两个方面来考虑。

类型划分：主动型与控制型

主动型事项指的是由于习惯还没有养成，或者存在一些限制性因素，稍不留意就可能低于警戒线的事项。对此需要时时提醒自己更主动地去做这类事项，比如增加锻炼的时间或者频次。其警戒线是一个下限值。

控制型事项指的是由于已有的不好习惯或者其他原因，如果不加限制就会做得过多、带来不良影响的事情。希望通过实时的监控和提醒，更少地做这类事项，比如抽烟的数量。其警戒线是一个上限值。

事项的频次：合适的监控周期

对于各个事项的数量或者频次要求，我们可以按照"每天""每周""每月"等不同的周期来设定。不同类型的活动所适合的时间周期是不同的。比如"陪妻子晚餐的次数"，如果按照每天来衡量显然是无意义的（只能是0或1）；如果按照每月来衡量，追踪的周期又太长；如果按照每周来衡量就相对比较合适了。同样，去医院进行全面体检的次数，太短的周期完全没有必要，以年为周期来衡量则比较合适。

下表就是一个建立"生活仪表盘"的示例。根据四个维度、两种类型，总共划分了8个领域。我们根据自身的情况和需要，在每一领域都可以设立需要监控的事项（此处作为举例，每一块仅列出1—2条）。

表6-1 "生活仪表盘"事项举例

维度	主动型	控制型
健康	• 每周至少3次有氧运动（每次30分钟以上） • 每年进行一次彻底的放松，时间不短于5天	• 每天抽烟的数量，不能超过2支（降低吸烟量）
情感	• 陪孩子一起运动并创造快乐的运动氛围，每个月不少于3次 • 与父母沟通，每周不少于1次	• 夫妻之间每个月出现争执、批评性语言的频次，不能超过1次
财富	• 每个季度参与行业知识的学习或者职业技能的培训，不少于2次	• 参加行业论坛、政府访问接待等公关性活动，每个月不超过2次
心智发展	• 每天进行思考型阅读，不少于30分钟	• 每天刷视频直播（或社交平台）的时间，不超过20分钟

参考上面的例子，接下来我们就可以开发适合自己的"生活仪表盘"了。

第一步：列出对自己的健康、情感、财富、和心智发展具有重要影响的各种事项。

第二步：从中找出哪些事项自己做得不够（需要主动提升），哪些事项做得太多（需要进行控制）。同时，要考虑这两类事项应该设立怎样的监控门槛。如果自己不太确定，可以咨询身边品德与才华都比较出众的朋友（参看本书第五章当中的朋友圈审计，第152页）。

第三步：给各个事项选择合适的监控周期，设置对应的警戒线，然后填写到表6-2中。

表6-2 建立你的"生活仪表盘"事项

维度	主动型		控制型	
	事项	警戒线	事项	警戒线
健康	• • •		• • •	
情感	• • •		• • •	
财富	• • •		• • •	
心智发展	• • •		• • •	

重点监控不超过5个事项

我们可能根据自己的需要，列出了大量的"生活仪表盘"事项，但是要想做到全面监控则非常难。这就好比一辆轿车驾驶室的前方，如果堆积了20多个仪表盘，那么驾驶员恐怕就没法安心驾驶了。对建立的每个"生活仪表盘"我们也需要进一步筛选，在每个阶段重点关注为数不多的几个项目（建议不要超过5个），让这些事项尽量都控制在警戒线之内，进而逐步养成新的习惯。当某个项目成了习惯后，我们不需要监控它也会自发地去完成了。到这个时候，就可以将其从重点监控的条目中去掉，更换下一批监控项目。

以我个人举例，不久前我所重点监控的"生活仪表盘"项目有三个，分别是：

- 健康维度：每周坚持有氧或者肌肉训练，每次不低于30分钟。警戒线是每周不低于3次。

- 情感维度：控制夫妻之间出现争执、批评或者抱怨性质的语言。警戒线是每周不超过1次。

● 心智发展维度：坚持每天记录给人带来启发的事情，警戒线是间隔不能超过2天。

至于其他事项，比如心智发展层面的"进行思考型阅读"和"学习新的知识"，早已经不需要监控，不用任何提醒我每天都会主动去做。如果未来有了子女，我的"生活仪表盘"又会添加其他新的项目。

我们需要监控的"生活仪表盘"是动态、不断变化的。随着新习惯的养成、生活状态的改变（希望都是越来越好的改变），我们对需要监控的"生活仪表盘"也会进行相对应的调整。

至于"生活仪表盘"的具体形式，不一定要做成像汽车上的仪表盘那样，可以采用折线图或者表格的形式。如图6-3和图6-4所示。

每周给孩子讲睡前故事的次数

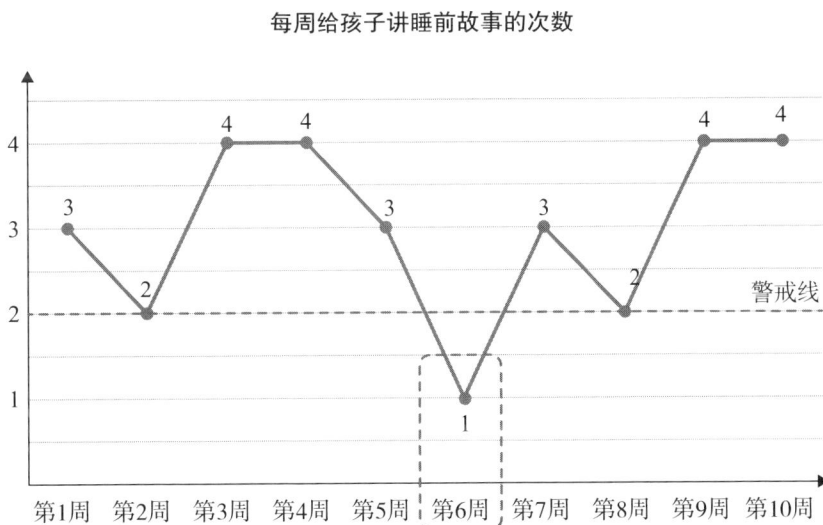

图6-3 折线图类型的"生活仪表盘"

日期	运动完成	日期	运动完成	日期	运动完成
1	√	8	√	15	√
2	√	9	√	16	
3		10	√	17	√
4	√	11	√	18	√
5		12		19	
6		13	√	20	
7		14	√	21	√
本周累计	3	本周累计	6	本周累计	4

图6-4　表格类型的"生活仪表盘"

用这些类型的"生活仪表盘"来监控重点事项时，我们需要时刻提醒自己，并且让自己看到实时的进展。如果将"生活仪表盘"系统藏在自己平时看不到的地方，那么监控和提醒的效果无疑就会大打折扣。为了更好地使用"生活仪表盘"，我个人有一个经验，就是做到"可视化"，让"生活仪表盘"尽可能高频次地出现到自己的眼前。

我自己的做法是：把需要重点关注的"生活仪表盘"事项画在一张纸上，然后贴到大门背后，这样每天出门的时候一定会看到，回到家关门的时候也会看到。这个做法从我在英国的时候开始，一直坚持到现在（图6-5）。

随着技术的发展，一些新兴的技术也能帮助我们更好地监控自己的行动和时间安排。比如，很多人希望减少对手机的依赖，想知道自己每天使用手机多久、频次是多少，现在很多手机已经有相应的功能来统计使用者的手机使用数据[2]，如图6-6所示。

训练记录			
日期	完成	日期	完成
5月1日		6月12日	
5月2日	√	6月13日	
5月3日		6月14日	
5月4日	√	6月15日	
5月5日		6月16日	
5月6日		6月17日	
5月7日	√	6月18日	
5月8日		6月19日	
5月9日		6月20日	
5月10日	√	6月21日	
5月11日		6月22日	
5月12日	√	6月23日	
5月13日	√	6月24日	
5月14日		6月25日	
5月15日		6月26日	
5月16日		6月27日	
5月17日		6月28日	
5月18日		6月29日	
5月19日		6月30日	
5月20日		7月1日	
5月21日		7月2日	
5月22日		7月3日	
5月23日		7月4日	
5月24日		7月5日	
5月25日		7月6日	
5月26日		7月7日	
5月27日		7月8日	
5月28日		7月9日	
5月29日		7月10日	
5月30日		7月11日	
5月31日		7月12日	
6月1日		7月13日	
6月2日		7月14日	
6月3日		7月15日	
6月4日		7月16日	
6月5日		7月17日	
6月6日		7月18日	
6月7日		7月19日	
6月8日		7月20日	
6月9日		7月21日	
6月10日		7月22日	
6月11日		7月23日	

图6-5 贴在大门背后的"生活仪表盘"

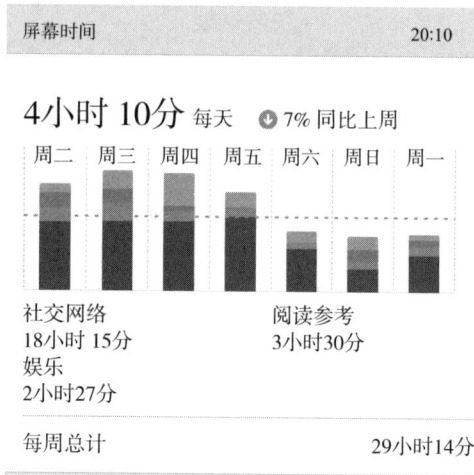

| 屏幕时间 | 20:10 |

4小时 10分 每天　⬇ 7% 同比上周

周二　周三　周四　周五　周六　周日　周一

社交网络
18小时 15分
娱乐
2小时27分

阅读参考
3小时30分

每周总计　　　　　　　　　　29小时14分

图6-6　手机使用时间的统计数据

在这张手机使用时间数据的示例图当中，不仅显示了过去7天来使用者每天的手机使用时间，还能看到各类活动的时间占比，以及相对上一周手机使用时间的变化情况（图中平均每天手机使用时间为4小时10分钟，比上一周降低了7%）。

除了上面提到的这些自我监控方法，如果还有外部的监督，那么对重点事项的坚持效果会更好。这正是接下来我们要讨论的方法。

提高目标实现概率的秘诀

数年前，我在国际美慈基金会（Mercy Corps）的一位前同事，也是我的好朋友赵敏，和她的丈夫、子女一起移居非洲，开启了一种全新的人生状态：游猎大草原、学习飞机驾驶、练习绘画和摄影等，过着让朋友们极其羡慕的生活。

有一天，赵敏在微信上给我发了一条消息，告诉我她接下来一年要努力学习西班牙语，并且达到一定的水平。之所以要告诉我这个目标，是因为有研究表明，当人们把自己的目标公开化以后，人们实现这个目标的可能性会更大（可以这么理解，如果一个目标只是藏在心里，即使中途放弃，别人也不知道；如果是自己公开表态要实现但没有完成，那么很可能会被人贴上"爱说大话""说话不算数"之类的标签，所以更有动力去克服障碍，实现目标）。因此，她把这个目标公开化，特意告诉我，并且请我做她的监督人。

在接下来的一段时间里，她会时不时告诉我关于她学习西班牙语的进展，而我每隔一两个月也会主动问上一句："最近西班牙语学得怎么样了？"她则简要地介绍一下学习成果。但是过了大半年之后，我们就再也没提这个事了。结果可能与你猜想的一样，这个目标不了了之了。大约两年后，我又问她关于学西班牙语的情况，她非常幽默地回答道："你的记忆真棒☺，不过请忘掉这件事吧（You have a good memory ☺ Please forget it）。"

毫无疑问，将目标公开并且请他人监督，对当事人坚持完成目标是很有帮助的。最有名的应用场景应该是"公开戒烟"了：决心戒烟的人把这个决定告诉尽量多的亲人、朋友、同事，并且立下字据，谁抓到他在吸烟，立即赔偿给谁100元（随着经济发展和通货膨胀，这个数值也需要相应地提升）。如此，戒掉烟瘾的成功率将大大提高。

关于公开戒烟的成效，我没有找到专门的对比实验和相关数据，但是确实找到不少采用这种方法戒烟成功的案例[3]。同样是公开目标，请人监督，为什么有的最后实现了，有的半途而废了呢？我认为除了实现目标的难度、个人的意志力等因素，还有一个极为重要的因素，那就是对监督目标类型的划分方法有结果目标和过程目标之别。

■ 区分结果目标与过程目标

有的目标描述的是一系列行动带来的结果，比如：

- 我要考上某某大学。
- 我要获得某某比赛的冠军。
- 我要晋升到副总裁的职位。

这样的目标能否实现，除了个人的努力，还有运气、机遇、外部环境等众多影响因素。

而除此之外，还有另一种类型的目标，描述的是一系列行动的过程，比如：

- 我要每天做 100 个俯卧撑。

- 我要坚持游泳。

- 我要报名注册会计师的培训，并且坚持按进度上课。

这一类目标围绕的是一系列的行动，只要把这些行动做完，目标就算完成了。实现这类目标的影响因素几乎都是可控的，只需要自己付出努力就能做到，并不需要考虑运气或者环境等因素。那么，我们在对外公布目标的时候，应该选择哪一类型的目标呢？毫无疑问，应该选择第二种——过程目标。

监控过程目标，而不是结果目标

过程目标是一系列的持续行动，便于人们持续地监督、跟踪进展。而结果目标则难以实时监控，只能等一段时间之后，到了目标事件的发生时间点才能看其是否实现了。只关注结果目标，并不能防止你中途偷懒或者放弃。

此外，结果目标的达成，通常包含很多不可控因素（如果一个结果目标是十拿九稳的，几乎没有任何不可控的因素，那么把它称为目标可能太过简单了），这些不可控因素并非仅仅靠我们的主观行动就能改变的。我们对外公开并且希望他人监督的内容，其实是我们主观所能掌控、执行的部分。

对每一个希望达成的结果目标，我们都可以分析其要素与核心挑战，从而找到相对的过程目标，然后邀请身边的朋友来协助监督。

▶▶▶

■ 邀请外部监督

通过前面的分析，我们知道一个更好的做法是：在我们内心设立一个明确的结果目标，同时对外公布相对应的过程目标，并请朋友们来监督完成。在这个结果目标和过程目标之间，需要有很强的关联性，比如，前面提到的"戒烟"这个结果目标和"每天都不吸烟"这个过程目标。如果在比较长的一段时间（比如一年）里做到每天都不吸烟这个过程目标，那么结果目标自然就实现了。有时候一个结果目标可能需要两个或者更多强关联的过程目标。

> 一个更好的做法是：在我们内心设立一个明确的结果目标，同时对外公布相对应的过程目标，并请朋友们来监督完成。

我们看另一个例子，假设你希望通过某一类英语资格考试，这是结果目标，而你的英语最弱的方面是词汇量，那么"每天用多少时间来背单词"就是一个不错的关联过程目标（如果词汇量和写作两方面都很弱，那么就需要"每天用多少时间来背单词"，以及"每周坚持练习多少篇写作"这两个强关联的过程目标）。相反，如果选择"每天坚持练习口语发音"，这个过程目标的关联性就太低了。

明白了这个道理，我们就能更好地设立目标，并且邀请朋友们来监督。

- 如果你希望改变自己的体形和健康状况，那么请不要对外公布"我要今年减掉20斤""今年让腰围减小10厘米"，而应该说"我要每周做5次以上的有氧运动""坚持每天晚上9点以后不吃任何食物"。

- 如果你希望通过一项职业资格考试，也不要对外公布"我要通过某某考试"，而应该说"我要每周做一次模拟试卷，并且针对性地进行总结"。

- 讲完目标以后，我们可以再加上一句："如果我没有做到，或者违反了这个过程目标，那么监督人可以给我××形式的惩罚。"

"生活仪表盘"的美妙之处就在于，它让我们明白了什么行动对我们是重要且有意义的，并且将之转化成了一系列的过程目标，让我们方便监控，同时也可以交给他人来监督。

■ 现在就行动

读到这儿，我们已经明白了"生活仪表盘"的意义，以及公开目标能帮助自己实现目标的可能性。那么请针对你人生中最重要的方面，建立自己的"生活仪表盘"及其警戒线，并且在这一刻就告诉最容易监督你执行的人（我们都知道拖延的力量是多么可怕，所以请现在就写下来，哪怕只是一个初版，并立即告诉身边的人）。

公开这些过程目标，并通过他人的监督帮助你实现目标，最好告诉两个或更多的人，以保证这种监督能够持续。来自众多朋友的经验是，你的另一半通常不合适做你的监督人。

本章总结 SUMMARY

◇ 针对我们希望改进的方面建立"生活仪表盘"，能帮助我们有效跟踪、监控事件进展，确保在生命的各个重要事项上，避免因为忽略而带来痛苦的后果。

◇ 我们可以从健康、情感、财富（技能）、心智发展四个方面寻找自己需要改进的方面，建立"生活仪表盘"。在监控和改进的过程中，我们很难关注到5个以上的事项。因此，在同一时间段里，我们最好重点监控2—3个项目，直到自己养成习惯，不再需要监控时，再替换新的监控项目。

◇ 当今流行的"职场价值观"容易让人忽视健康，不少人把少睡觉当作一种荣耀乃至自我炫耀的资本。人们需要关注自己最基本的健康需求，避免过分透支而造成长远的伤害。

◇ 公开自己的目标有利于目标的实现，过程目标比结果目标更适合公开展示。我们可以在自己内心设立一个结果目标，同时设立相对应的过程目标，公布给朋友，并邀请朋友们来帮忙监督。

附录：如何高效率地管理睡眠需求

我们是否应该保证每天睡满8个小时？

睡眠越久越充足，越有利于体能恢复吗？

如果不得不熬夜加班，应该怎样规划睡觉时间？

"睡觉"本是生活中再平常不过的事情，但相信很多人对上述问题都难以给出确切的答案。如何更好地安排、管理自己的睡眠？随着科学界对"睡眠"的持续研究，很多成果和发现能帮助我们找到答案。

■ 什么是睡眠周期

人类的睡眠通常要经历多个周期。从入眠开始，由浅入深地进入深度睡眠状态，之后又会慢慢回到浅度睡眠状态，在浅度睡眠状态中会经历一段眼球快速转动的阶段，称之为"快速动眼期"（REM阶段），"做梦"通常发生在这个阶段。我们将从浅度睡眠进入到深度睡眠，再回到浅度睡眠的过程称为一个"睡眠周期"（sleep cycle），如图6-7所示。

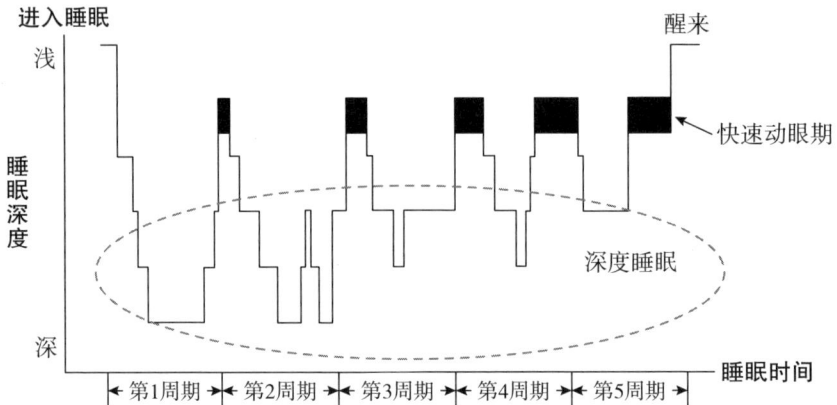

图6-7　睡眠周期示意图

　　不同个体的睡眠周期时长不尽相同，每个周期的时长也略有差异（通常在80—120分钟之间）。睡眠周期的时长会随个体年龄增长和生理变化而变化。值得注意的是，同一个人在不同睡眠周期中所经历的深度睡眠和浅度睡眠的时长也不同。通常在前两个睡眠周期中，人们会经历更长时间的深度睡眠，而在随后的睡眠周期中深度睡眠的时间会变短，浅度睡眠的时间变长[4]。人们在每个晚上的睡眠中通常会经历4—5个睡眠周期。

　　很多关于睡眠的著作认为，成年人的睡眠周期都是90分钟。这个说法显然不够准确，因为如果该说法成立的话，那么每个人的自然睡眠时间应该都是90分钟的整数倍。但事实上，有的人每天刚好睡满7个小时，有的人则睡足了8个小时（这些都不是90分钟的整数倍）。此外，从一些研究睡眠阶段的脑电图（EEG）上可以清楚看到，前后各睡眠周期的时长会有所不同，有的睡眠周期时长与90分钟相差较远[5]。

■ 了解睡眠需求

现代人的学习和工作强度急剧增大，不得不"晚睡早起"的情况时有发生。在必须压缩睡眠时长的时候，我们该如何安排睡眠、更好地恢复体能和精力呢？

在每个睡眠周期当中，"深度睡眠"对体能和精力的恢复最有效。为了保障睡眠质量，我们需要做的是让自己在一次睡眠当中经历数个完整的睡眠周期。原因如下：假设一个人睡了2.5个睡眠周期后起床，相当于经历了两个完整的睡眠周期后，开始从浅度睡眠慢慢进入深度睡眠，很可能会在接近第三个深度睡眠时就被叫醒。相对于经历两个睡眠周期，增加的这段睡眠对于精力的恢复并没有多少额外的帮助。

所以，当我们不得不压缩睡眠时间的时候，我们可以用自己的睡眠时长需求，减去一个或者数个睡眠周期的时间，根据得到的结果来安排睡眠。

为此，我们需要先了解自己的睡眠时长需求。其测量方法如下：在一个正常的作息日的夜晚（当天没有进行超负荷的体力劳动或锻炼，也没有过度熬夜），让自己在自然放松的状态下入眠，直到第二天自然醒来，记录下所用的时长。我们可以连续测量3次，然后取平均值，得到相对准确的睡眠时长需求。在不同季节人们的睡眠需求会有所变化，尤其是冬季和夏季，分别测量得到的结果会更准确。

■ 测算睡眠周期

在实验室里，通过测量人的脑波频率或者追踪人的眼球转动情况，可以精确地测量出人们一晚上经历了几个睡眠周期，以及各个睡眠周期的时长。如今有一些智能硬件和App应用也开发了测量睡眠周期的功能，但其效果往往不尽如人意。

当我们没有实验设备或者可靠的智能硬件来测量时，一个简单的替代方法就是将我们的睡眠时长需求除以5（因为大部分成年人每个晚上会经历5个睡眠周期），所得结果就是睡眠周期的近似值。

当我们了解了自己的睡眠时长需求和睡眠周期后，遇到需要压缩睡眠时间的情况就可以更加合理地安排。假设某人的睡眠需求是7.5小时（450分钟），减去一个睡眠周期（1.5小时）之后是6小时。如果第二天必须7点起床，而前一天不得不熬夜加班，那么可以让自己在凌晨1点的时候开始睡觉。

如果凌晨1点钟无法完成工作，那么就减去2个睡眠周期（3小时），保证4.5个小时的睡眠，因此可以在凌晨2：30的时候上床睡觉，4.5小时以后正好是7点起床。或者可以晚上12点睡觉，然后把闹钟设到凌晨4：30，提早起床开始工作。这样的安排能帮助人们以最高的睡眠效率来恢复体能。

■ 控制睡眠的环境因素

除了在时间上合理地安排睡眠，我们还可以通过对睡眠环境的控制来提升睡眠的质量，具体包括以下各方面：

温度。研究显示，一个房间的温度对人的睡眠质量有着重大的影响，相对来说，较低的温度对人的睡眠更有帮助。睡眠研究专家马修·沃克（Matthew Walker）教授建议，最佳的睡眠温度是18.3℃[6]（比人们通常感到舒适的温度略低，对不同体质、习惯的人，适宜的睡眠温度可能略有不同，我们不妨选择18℃—20℃间的某个温度）。

床铺。一个好的枕头和床垫可能是我们在家居用品上最重要的投资（恐怕没有任何其他用品的使用时长会占到人一生约1/3的时间）。"侧卧"是最为推荐的睡觉姿势。选择理想床垫的标准就是让你"侧卧时脊椎和颈椎可以保持在一个直线或平滑的微曲线上"。这样最有利于脊柱的放松。枕头最好配合床垫，其挑选标准也是让脊椎和颈椎保持相对直线。如果床铺软，那么枕头就应该矮一点；如果床垫偏硬，身体陷得浅，或者两肩较宽（侧卧时脖子离床垫更高），那么枕头则应该高一点。

光照控制。在睡觉前30—60分钟，让自己进入一个光线相对柔和的环境，避免强光或者蓝光的照射更有利于人们入眠。科学的家居环境布置是卧室的照明应暗于书房等其他空间的照明。如果夜晚不用在家办公，那么睡前1—2个小时可以将各房间的灯光适当调暗，让环境给我们的身体放出"该睡觉了"的信息。柔和的室内照明可以有效促进大脑"褪黑素"的分泌，帮助人们平稳地入睡。

睡前活动。睡觉前切勿进行剧烈运动，同时尽量避免在睡前使用手机、电脑等LED屏的电子产品（电子屏幕的蓝光会抑制褪黑素的分泌，让人难以入眠）。研究显示，相对于读纸质书，睡前用平板电脑阅读，对褪黑素的抑制率达到50%以上[7]。

■ 保护你的睡眠

尽管我们可以通过高效、合理的方式压缩睡眠，但切不可因此而让自己长期处于睡眠不足的状态。

一则在网络上广为流传、关于篮球巨星科比的故事说，科比在一次采访中反问记者："你见过凌晨4点的洛杉矶吗？"科比以此道出自己不为人知的"早起练球"经历，并且告诉记者他坚持每天4点钟就出门并开始训练，因此取得了伟大的成就。

这无疑是个振奋人心的励志故事，它被人不断转载。但遗憾的是，你永远也找不到这个故事的出处，更不可能查到这位"聆听神话"的记者是谁（大部分此类型的名人故事都是鸡汤博主们杜撰的。"科比反问凌晨4点洛杉矶"的故事很可能是一位华人创造的，在网上甚至搜索不到这个故事的英文版）。真实的情况是，2010年3月号的GQ杂志在封面人物专题当中详细介绍了科比的身体状况、训练、比赛及生活的方方面面。科比有睡眠障碍，经常会在半夜醒来，可能会起床看电视剧或者上网，到了"差不多4点，他会回到床上继续睡到6点钟，也就是他的女儿们起床的时候"（Around 4 A.M., he says, he'll go back to bed and sleep until six, when his daughters get up）[8]。

如果你相信网络上的传闻，并且以此效仿，让自己近乎不休息地刻苦工作、训练，那无疑是在透支健康，伤害自己。大量的研究显示，缺乏睡眠会增加心脏病、糖尿病、抑郁等多种疾病的风险[9]，此外还会令大脑的反应变慢，使得记忆力减退[10]。对绝大部分成年人来说，每天保障4个完整的睡眠周期（或不低于7小时的睡眠）是健康的基础。所以在非必需的情况下，不要寄望于通过压缩睡眠来创造更多时间工作，否则你很可能会产出更低，甚至做出错误的决策。

第七章

提升生命的激情和质量

具有强烈热情去从事且能给自己一生带来积极、

深远影响的活动是什么？

一位好朋友的孩子，高中时因为喜欢日本动漫，一直想要去日本读大学。这位朋友对日本的高等教育并没有太多好感，而且担心将来孩子沉迷于漫画世界荒废了学业。一次暑假，孩子要去日本游学，朋友便托人找了一位当地的华人导游，再三嘱咐导游在陪同期间从多方面介绍真实的日本，以及外国人融入日本社会的挑战，希望这样能够让孩子重新考虑是否要去日本读书。

这位朋友注重孩子的心理感受，没有以家长的权威禁止孩子去日本，而是从侧面去影响、引导他，这一点非常可贵。孩子们因为有父母做后盾，很容易仅凭一时的喜好做各种决定，而很少考虑长远的影响。对于孩子们的兴趣和选择，有人说兴趣是最好的老师，一定要让他们做自己感兴趣的事情；也有人说不能让孩子凭兴趣来选择，因为他们并不知道什么事真的有价值。我们究竟应该相信哪一种说法？

确立人生顶点（Spike）模型

事实上，问题的本质并不是"是否该让孩子凭兴趣选择未来的方向"，而是要让孩子正确认识"人生中该追求什么，以及该怎么去追求"。在孩子成年之前，我们需要教会孩子区分"立足之本""兴趣"和"事业"。为了直观，我画了图7-1，朋友看完之后感叹这不仅对指导孩子有帮助，对思考自己的工作与追求也很有启发。

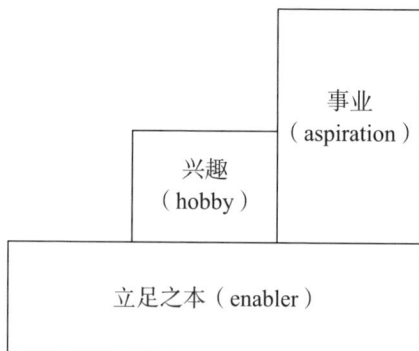

事业
（aspiration）

兴趣
（hobby）

立足之本（enabler）

图7-1　人生顶点（Spike）模型

模型的底部是立足之本，是一个人衣食保障的来源，比如：

- 在市场上具有广泛需求的职业技能。

- 富有的父母（所给予的丰厚家产）。

立足之本上方左边是兴趣，是一个人很享受、能不断去做的事情，比如：

- 某种体育运动。

- 艺术爱好。

- 娱乐游戏。

在兴趣的右边更高的柱状代表的是事业，指一个人**具有强烈的热情去从事能给自己的一生带来积极、深远的影响的活动**，比如：

- 建立一个××样的组织。

- 传承一门××样的艺术。

- 解决某一种严峻的挑战（环境保护、野生动物保护等）。

上面这张图表明了立足之本、兴趣、事业三者之间的关系。

第一个层面的立足之本是追求兴趣及事业的基础。一个人不可能在没有这个基础的情况下长久地享受自己的兴趣或建立自己的事业。立足之本可以通过慢慢学习训练得到，也可能来自父母的直接给予。来自富裕家庭的人（社会上习惯称之为富n代）在出生时就有了一辈子的立足之本，有的因此成了纨绔子弟，但也有的因此可以大胆地追求自己的兴趣和事业，创造出更多的精彩，对社会做出更多的贡献。

第二个层面的兴趣是自己喜欢做、反复做都不会厌烦的事情，而且并不需要以此来挣钱，或者以此追寻人生的意义。如果能将兴趣和立足之本统一起来，通过做自己感兴趣的事来创造财富，那么这样的人是非常幸运的。现实中的大部分人都是将两者分开，努力工作以实现立足之本，然后在工作之余安心享受自己的生活乐趣。

第三个层面的事业是一个比较抽象的概念，有人希望把兴趣变成事业，但对两者之间的区别也难以说清。在此我们将事业定义为：人们认可其价值、愿意持续去做的事情，并且这件事能给自己带来"深远且积极的影响"。如此我们就很容易区分事业和兴趣：兴趣可以时不时去做，但是做了之后并不一定需要对自己的生活产生什么积极的影响；而对事业来说，人们不一定享受做它的过程，但是会憧憬、享受做这件事的意义和结果。

> 我们将事业定义为：人们认可其价值、愿意持续去做的事情，并且这件事会给自己带来"深远且积极的影响"。

事业不等于"升级版的职业"

长久以来，人们习惯性地认为事业等于"升华以后的职业"：一个人上班是给他人打工，等到某一阶段自己创业了就算有了自己的事业；一个人深耕某个行业，成为该领域的专家，也就算有了自己的事业。

其实，事业并不一定要限定在工作或者工作相关的领域。马丁·路德·金（Martin Luther King, Jr）的职业是教会牧师，如果仅仅以职业范围作为限定，那么他的事业就只是管理好教区，而不是实现民权平等。

事业的重点在于，人们对其价值的认可，以及对自我的积极影响。

▶ ▶ ▶

■ 常见的教育误区

区分了立足之本、兴趣、事业这三个概念之后，我们就可以分析一下孩子们在追求人生方向及父母在引导子女时常见的两种误区。

不顾基础，只追求上层建筑

绝大多数人在成年之前，极少思考"立足之本"的相关问题。衣食无忧的状态让年轻人更为关注"兴趣"和"事业"。如果不是来自非常富有家庭的人，在离开父母的资助以后，往往就会面临一个现实的问题：以什么来支持自己的兴趣和事业？

在这种情况下，父母在孩子成年之前就应该帮助其接受"自立"的教育，帮助他们了解真实的职业场景，认识不同职业的工作内容、能力要求，以及工作以外在家庭、社会角色中的责任和义务。"自立"是观念和能力积累的过程，不是某种倒计时——成年时刻一到，心智就自动更新至"成熟状态"。所以，不要等到孩子读完大学甚至走上社会以后才告诉孩子要学会立足。这时通常已经太晚，父母最后往往只能抱怨孩子不懂赚钱的艰辛和养育子女的不易。

有基础和兴趣，但忘了事业

与上一种情况相反，有的父母很注重引导孩子培养"立足之本"。可能这些父母觉得在社会上立足太难，一切都围绕如何赚钱养家（立足社会）考虑，甚至都不给孩子时间去追求自己的兴趣爱好，即使送孩子参加兴趣班也是为了培养孩子的职业技能与社交技能。当孩子谈到理想和事业追求时，如果不是某种务实能挣钱的领域，就会痛斥孩子"不切实际"或"不知天高地厚"。我们看到很多父母给孩子设计的人生路线，通常都是"读好的大学，读研究生，然后在一个大企业里找到工作，或者去考公务员……"所有的一切都是围绕最底层的"立足之本"的。

在当今社会，人们会认为"事业"很虚，或者把事业捧得很高，似乎不创造一个阿里巴巴，不成为国家级领导人，不拿到诺奖，就不能称为事业有成。其实，事业是一个相对概念，只要是自己觉得具有深远意义、能给自己带来正向影响的事，就是事业。一个人有了立足之本，就能通过自己的力量和价值观去追求自己的事业。父母一味强调立足不易，凡事都要考虑是否有利于赚钱养家，这样培育出的子女总有一天会发现自己只是在"为了活而活"。

■ 追寻事业的价值

兴趣是一个人休闲时获得快乐的事情，而事业则是可以**不断投入，并能让人在思想层面、人生幸福感上不断提升的事情**。它不一定是人的全职工作，比如，对书法艺术的追求，对环保理念的倡导。对这些事情即使只是业余地投入，也可以获得丰厚的回报。

谢丽尔·桑德伯格（Sheryl Sandberg）的本职工作是担任脸书的首席运营官，但是她将"为女性赋能，提升女性的社会地位"作为自己的事业，获得了全球瞩目的成果[1]。其实，不仅是知名人物，在我们身边，也一定能找到因为事业追求而让生活更加充实、更具活力的例子。

所以，父母需要尽早让孩子明白人生追求的三个层面，帮助子女获得丰满、有意义的人生。而我们也可以用这个模型来问自己：我的立足之本是什么？兴趣是什么？让我觉得人生中有意义的事业又是什么？

衡量你的生命质量

不久前，一位做量化交易（通过数学模型代替人的判断来进行投资）的企业家朋友参加了一次大型的同学聚会。会后他感叹道："从大学毕业到现在，每个人挣的钱都越来越多了，住的房子也越来越大了，但生命的质量都越来越糟糕了。"更令他不禁悲从心来的是，每当他表达这一观点时，身边人无不赞同这个看法。大家都不得不承认自己的生命质量并没有随着生活水平的提升而提高。

回顾以往的同学聚会，刚刚重聚时，推杯换盏间谈论的都是开心的事情和美好回忆，但深聊过后常常发现大家都有各种各样的困扰：子女升学和就业的压力、夫妻间的矛盾、工作上受到的排挤……似乎随着年龄的增长，烦恼也越来越多。

这个观点也引发了我的思考：究竟是现代人不懂满足，还是我们的生命质量真的在退步？生命质量是一个抽象概念，我们该如何衡量它呢？显然，随着成年后角色的转变，各种责任带来的压力或烦恼不应该是生命质量唯一的衡量维度。一个合适的办法是，通过情绪状态的净值来衡量生命质量（如图7-2）。

图7-2　情绪状态净值模型

对每个人来说，全天24小时，除去睡眠时间，有多长时间会陷入图7-2右侧这三种状态或者情绪中（我们称之为A类情绪）？计算一下时间占比。比如，有3小时，那么占比就是3/24，即12.5%。

- 空虚（empty）：情感麻木，觉得做的事情没有意义或者不知道该做什么。

- 怨恨（complaining）：对某个人或某事产生抱怨、不满、生气甚至仇恨的情绪。

- 忧虑（worried）：出现担心、焦虑或者内心压抑的情绪。

接下来我们再看图7-2左侧这三种情绪或状态（我们称之为B类情绪），看看自己每天有多长时间处于这三种状态中。

- 欢乐（joyful）：开心、快乐的状态。

- 充实（fulfilling）：在当下所做的事情中，自己的能力、特质能得到充分的发挥。

- 意义（meaningful）：自己做的事情很重要，并且与自己的目标感和价值观相一致。

在三种B类情绪状态中，欢乐通常是比较容易获得的（比如看喜剧电影），而充实、有意义的状态则比较难。前面我们介绍了人生顶点（Spike）

模型，以及其中最重要的层面——事业。有人说一个人只需要有立足之本和兴趣就行，不需要事业也能生活得不错。但一个人如果没有事业层面的追求，会很难获得充实、有意义的状态。

除了上面A、B这两类情绪状态，还有中性的情绪状态——既没有正面情绪也没有负面情绪的影响。在此我们主要讨论A、B两类：用B类情绪的时间占比（比如29%），减去A类情绪的时间占比（比如13%），就得到了自己的情绪状态净值（29%–13%=16%）。这个净值越高，则表明一个人的情绪状态越好。

如果把每一阶段（每天或者周平均值）的情绪净值都记录下来，我们就得到了像股票价格走势图一样的情绪状态走势图。直观的走势曲线可以帮助我们实时了解自己的内心状态，看清楚成长趋势，更好地调控自己的"生命质量大盘"。在理想的情况下，这条曲线应该保持在正值区间。

关于情绪净值的测量

我们通过测量充实、快乐、意义、空虚、怨恨、忧虑这6种情绪状态的持续时间来计算情绪净值。以下是两个值得探讨的问题：

为什么辛苦不是一个衡量维度？ 辛苦本身并不会决定一个人的情绪状态。一项工作可能需要让人工作很久，很辛苦，但如果这件事能让人体会到其价值，人们会主动、充满动力地去做。而如果这项工作只是上级为了做给大领导看而派下来的毫无价值的工作，人们难免就会出现抱怨的情绪。

为什么只看情绪的时间占比，而不看其强烈程度？ 首先，情绪的强烈程度难以衡量。其次，情绪所持续的时间本身能反映其强烈程度，如果是非常大的焦虑，持续的时间肯定更长；比较小的令人生气的事，自然很快就过去了。

情绪状态净值是反映我们生命状态的指标。以上我们介绍了其测量方法，那么是哪些因素决定了其高低呢？

回顾一下人生圆桌模型中的情感、健康、财富这三条腿，我们如何去加强它们，让它们都获得均衡的发展？我们如何让心智发展这张桌面不断扩大？当我们向这些方向努力，在心智、情感、健康、财富方面不断提升或发展时，我们将会看到，在自己的"人生行动坐标图"当中，B区域和D区域的事项会不断减少，A区域的事项会逐步转移，而C区域会越来越丰富。这些行动带给我们的就是人生赢家的生命质量曲线。

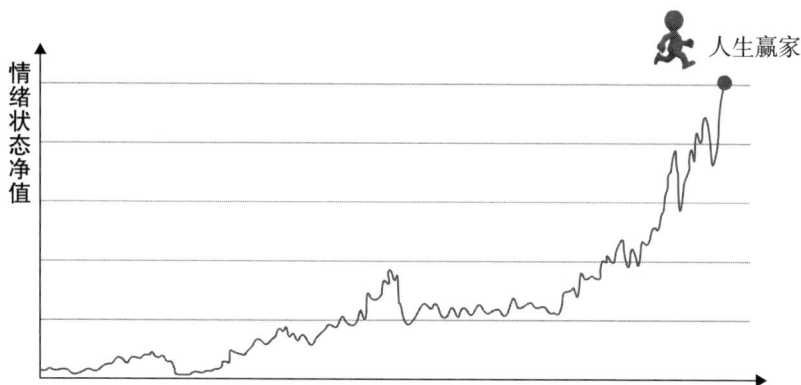

图7-3　人生赢家的生命质量曲线

本章总结 SUMMARY

◇ 一个充实、有意义的人生由三个部分组成：立足之本、兴趣和事业。其中立足之本是后两项的基础；兴趣是自己享受去做，但不用靠其挣钱、只为寻求人生意义的事情；事业是人们认可其价值，并且会给自己带来深远影响的事情。

◇ 对事业的追求决定了人生的高度。事业不一定与人的工作领域相关，很多人以工作为立足之本，在工作之外追求自己的事业（艺术、环保、社会公平等），也拥有了充实且有意义的人生。

◇ 通过测量一个人的不同情绪状态的时间占比，可以衡量这个人的生命质量。很多人在毕业之后，收入越来越高，物质环境越来越好，但生命的质量却越来越糟。从情感、健康、财富、心智发展四个维度不断提升自己，让自己的"人生行动坐标图"的右上角（C区域）不断丰富，让自己的生命质量曲线不断上行，最终成为自己的人生赢家。

结束语

"观点+行动+工具"成就人生赢家

本书开篇指出了人生赢家的实现路径（针对"人生行动坐标图"上的四个区域进行规划和管理），在此我们可以将人生赢家的公式总结为：

观点+行动+工具＝人生赢家

■ 观点

观点不同于方法。市场上有很多图书指导读者如何成为达人，如何在财富或者社交等方面取得成功。但是这些图书没有回答一个更本质的问题：什么叫达人？什么是成功的人生？

"观点"就是这个本质问题的答案。当我们看明白了"人生行动坐标图"，就会理解，每个人都是独一无二的，我们不需要用成为第二个比尔·盖茨或者第二个屠呦呦[1]来定义自己的成功；当我们能够专注于自己的C区域，让这里的事项越来越丰富，就能成就越来越好的自己，成为自己生命里的"赢家"，并且将积极、正向的力量传给身边的人。

■ 行动

很多人说，"道理都懂，但是行动起来难"。我们很羡慕身边具有很强行动力的人，佩服他们能把想法转为行动，并且具有超高的意志力和自律能力把行动坚持下去。但与此同时，人们很容易把缺少意志力当成自己不行动的借口："我的意志力没那么强，所以我做不到，这也是正常的。"

正如前文所说，假设两个人同样知道早起有利，同样都觉得早起很困难（相同的意志力），其中一个人有闹钟，而另一个人没有，那么显然前者做到早起的概率要大得多。这里的闹钟，就是我们面对各种挑战时所需要的工具。

使用工具不仅能帮助我们更好地展开行动，也能帮助我们跟踪、监控行动的结果，让我们在正确的轨道上取得更好的效果。

■ 工具

工具能够帮助人们更好地看清问题，更有效地解决问题。在本书前几个章节中，我们围绕不同的主题，介绍了适合不同领域的个人管理工具。无论是运动、健康还是情感关系，针对我们希望提升或者改进的领域，都可以借助这些工具取得更好的效果。在此我们一起来建立一个行动清单，并且配上适用的工具与使用方法（见表结–1）。

表结-1 行动与管理工具清单

行动	工具	具体使用方法	完成
了解你的朋友	朋友圈审计	哪些朋友在人品与智慧两个方面都是非常出众的？请列举出来，增加与他们的沟通（参见第152页）	√
补充法律常识	媒体的法制版	关注优质媒体（信息来源可靠）的法律新闻	
调整饮食习惯	健康食物清单/"生活仪表盘"/外部监控	选择健康的食物（参见第23页），列出需要限制/拒绝的食物清单，并且设立一个上限（比如每个月吃冰激凌不超过1次）	
提升情感自律	自律工具	提升亲密感、选择朋友圈、增加心理暗示（携带情感暗示物件）、追求高级乐趣等（参见第25页）	
改掉不良习惯	"生活仪表盘"/外部监控	1. 列出自己希望戒除或者减少的行为； 2. 建立一个监控指标； 3. 邀请家人、朋友参与监控，并且提供奖励	
避免上瘾	意志力测试	对自己偶尔从事但没有上瘾的活动进行控制。设一个目标，3个月不再碰（比如抽烟、电脑游戏等），把目标写下来放到显眼的位置，并请家人朋友监督	
培养运动习惯	运动记录工具/宋飞方法	1. 选择自己喜欢（至少不排斥的运动项目），并且设立最低频次目标，比如每周至少1次； 2. 设计一个记录表格或者运动日历，记录每天的成果	
降低启动成本	降低启动成本分析模型	分析行动前的准备工作，考虑哪些环节可以改变或者省去，如何改变工作本身，降低准备需求（参见第74页）	

行动	工具	具体使用方法	完成
增加求知	"生活仪表盘"	列出每周目标、每月目标、每年的目标，然后建立"生活仪表盘"，监控自己的进度	
职业转换计划	探索—门槛—自我提升	职业转换的三步模型（参见第79页）	
监控与配偶/家人的情感状态	情感指数曲线	绘制情感曲线，找出上升、下降的区间，与另一半讨论出现波动的原因（参见第93页）	
避开情感恶魔	"生活仪表盘"/外部监控	针对四类伤害情感关系的行为，列出警示性的语言，提醒自己务必避免。设定频次警戒线，一旦超过立即给予补偿（参见第100页）	
了解另一半	了解配偶的问题清单	1. 找到本书中104页的20个问题，尝试回答； 2. 邀请另一半展开互动问答，轮流问对方问题，得到对方的答案，看看自己有哪些回答错误； 3. 编制自己的额外问题清单。除了这20个问题，还有哪些关于另一半的问题是你不知道或者不确定的	
增加对另一半的赞美	赞美的15维度清单	1. 通过15个维度找出另一半的闪光点； 2. 在合适的场合赞扬你的另一半，保证每天至少选出一个闪光点赞扬对方（参见第107页）	
提升情感关系	情感日志	每天记录（或回忆）一件对方让你赞美或感恩的事情，每天为对方做一件值得对方赞美或感恩的事情，记录下来（参见第108页）	

行动	工具	具体使用方法	完成
心智提升	"生活仪表盘"	1. 每个月阅读一本有利于心智成长的书籍； 2. 拜访智慧的前辈； 3. 制定频次目标，比如每月阅读n本启发思考的书籍	
睡眠管理	测量睡眠周期工具	1. 计算出自己的睡眠周期； 2. 在不得不熬夜时，根据自己的睡眠周期安排休息时间，保证2个或者3个完整的睡眠周期（参见第186页）	

（说明：表中有一些项目是单次的行动，有的则需要使用"生活仪表盘"来监控自己持续的行动。）

在阅读本书的过程中，相信大家已经完成上面表格中的一部分内容。如果能持续使用这些工具来监控自己的行动，我们就在向人生赢家的方向不断靠近。

如果对以上行动及这些工具的使用感觉难以形成习惯，那么最后给你一个诀窍：每天睡觉前，问自己下面两个问题：

- 今天有多少时间在做C区域的事（当下感到愉悦，并且对未来也有益的事）？

- 今天有多少时间分别用于情感、健康、财富、心智发展这四个层面的提升（不要只追求一面，而把另几项都忽视了）？

| 致　谢 |

大约两年多前，在和朋友们的聊天中我提到了通过"人生行动坐标图"（赢家矩阵）来规划生活的想法。大家反馈很受启发，建议我将这一套系统性的想法整理成书。在朋友们的鼓励和帮助下，本书顺利完成。

在此，要特别感谢以下朋友的热心帮助：

我非常尊敬的前辈卡洛斯·格尔赛先生，他不仅在求知、运动等领域是我的榜样，而且从我们认识起，他就不断推动我在思考层面"更进一步"，向我提出了很多看似常识但又引人深入思考的问题，"奴隶制为什么最终从人类社会消亡""为什么要反对死刑"，其渊博的知识和敏锐的思辨，常带给我极大的鼓舞和触动。在他的鼓励和启发下，我逐渐学会了以更加全面的视角来看待这个世界。

何进老师，周大海、林少伟、宋小虎、孔迪成、温幼新等朋友，以其高尚的品格和丰富的人生智慧，在心智发展层面给予我很大的启发。不论在哪儿，好朋友李鹏、杜洋总是时时与我分享他们的生活经历和想法，让我对这本书的内容有进一步的思考。成书之后，在内容修订和出版阶段，张彦翔、周磊、敖焱杰、章文、李功科、李嘉琪等朋友给予了大力的帮助；浙江人民出版社的胡俊生先生与何英娇女士付出大量的时间与我一同完善最终的稿件。

在整个写作出版的过程中，给予我最大支持的是我的妻子。在我们的日常相处中，她的理解和包容让我更清楚地意识到自己在情感关系中的一些盲区（很多经验和启发已写入本书）；此外她的鼓励和支持，让我不被世俗的价值判断干扰，有更大的底气追求不一样的人生。"感谢你让我成为赢家（Thank you. You made me a winner in this life）！"

注　释

第一章

[１]　职业电竞人员需要遵守严格的作息、训练要求。每天可能需要进行10个多小时的训练和复盘。对于从业者来说，玩游戏可不一定是享受。电竞者的日常生活状态，参见《新京报》2018年的报道：http://www.bjnews.com.cn/news/2018/09/25/507428.html

第二章

[１]　过多的身体脂肪造成人们过早死亡的和患心脏病、中风、高血压等慢性疾病的风险。参见哈佛大学医学院（Harvard Medical School）的研究文章：https://www.health.harvard.edu/staying-healthy/abdominal-obesity-and-your-health。

[２]　不同地区对于女性审美的偏好受到当地环境以及文化因素的影响。在非洲的毛里塔尼亚（Mauritania）男性更偏好偏胖、壮实的女性。不过这种偏好也逐渐改变。参见：https://www.thelist.com/40387/men-think-attractive-different-parts-world/。

[３]　参见格莱默关于人类对于异性审美的研究：Karl Grammer, Bernhard Fink, Anders Pape Moller, Randy Thornhill, "Darwinian Aesthetics: sexual Selection and the Biology of Beauty." *Biological Reviews*, Vol.78 (August 2003)。

[４]　众多研究发现，更低腰臀比（WHR）的女性，生育能力更强，参见：https://www.psychologytoday.com/us/blog/beastly-behavior/201706/the-relationship-between-waist-hip-ratio-and-fertility。

[５]　在原始时期，慵懒，在非必要时刻尽量保存体力是更好的生存策略。如何理解懒惰形式的原因，以及如何克服懒惰的习惯，参见医学博士Neel Burton的文章：https://www.psychologytoday.com/us/blog/hide-and-seek/201505/the-causes-laziness。

科学家甚至发现人类身上控制日常活动水平的基因，名为"SLC35D3"。拥有这段基因的人们在没有多巴胺刺激的情况下更倾向于静下来休息。参见：https://www.medicaldaily.com/science-laziness-couch-potato-gene-influences-your-physical-activity-level-284264。

[6] 考古学的发现和研究也证实了远古时期的人类比今天的人类强壮得多的猜想。英国剑桥大学的科研人员进行对比研究发现，远古时期女性的手臂比当今专业的划桨运动员的手臂还要壮实。参见：https://www.theguardian.com/science/2017/nov/29/prehistoric-womens-arms-stronger-than-those-of-todays-elite-rowers。

[7] 哈佛大学医学院的一项长达15年的研究显示，增加添加糖分的摄入量显著增加心脏病致死的风险。针对各种年龄段、性别、身体状态的人群都成立。参见：https://www.health.harvard.edu/blog/eating-too-much-added-sugar-increases-the-risk-of-dying-with-heart-disease-201402067021。

[8] Michael F. Roizen, Mehmet C.Oz, *You: On a Diet: the Owner's Manual for Waist Management*, Free Press, 2006.

[9] Gladys Block, Blossom Patterson, Amy Subar, "Fruit, Vegetables, and Cancer Prevention: A Review of the Epidemiological Evidence", *Nutrition and Cancer*, Volume 18, Issue 1, (1992).

[10] 全谷物食品对降低心脏病、2型糖尿病、癌症的效果，以及其他健康帮助，参见：https://www.nhs.uk/news/food-and-diet/wholegrains-not-just-porridge-may-increase-life/、https://www.hsph.harvard.edu/nutritionsource/what-should-you-eat/whole-grains/。

[11] 关于饮用茶对健康的帮助以及过量带来的风险，参见：https://www.health.harvard.edu/heart-health/brewing-evidence-for-teas-heart-benefits。

[12] 熬夜产生多巴胺带来兴奋感，参见：https://www.sciencedaily.com/releases/2008/08/080819213033.htm。

[13] 熬夜带来夜晚以及第二天血压的显著升高，以及心脏病风险。参见：https://medicalxpress.com/news/2019-06-sleepless-nights-linked-high-blood.html。

[14] 神经学家罗伯特·萨博斯基（Robert Sapolsky）的实验发现，多巴胺是在"预期获得奖励"的阶段（亮灯、按压按钮时）释放，而非真正获得奖励时。而进一步的实验显示，如果行动与奖励之间具有不确定性（比如按压按钮后只有50%的可能性获得食物），在预期获得奖励阶段多巴胺的释放量会更高。详细实验内容参见：https://www.psychologytoday.com/us/blog/brain-wise/201510/shopping-dopamine-and-anticipation。

[15] 在美国以及欧盟地区，关于人们开始吸烟的年龄统计研究，参见：https://edition.cnn.com/2018/08/22/health/cigarette-smoking-teens-parent-curve-intl/index.html。

[16] Richard Edwards, Kristie Carter, Jo Peace, Tony Blakely, "An examination of smoking initiation rates

by age: results from a large longitudinal study in New Zealand." *Australian and New Zealand Journal of Public Health*, Volume 37, Issue 6 (December 2013).

该研究论文的电子版链接为：https://onlinelibrary.wiley.com/doi/pdf/10.1111/1753-6405.12105。

［17］ Maxwell Maltz, *Psycho-cybernetics*, Simon & Schuster, 1960.

［18］ 伦敦大学学院对于习惯形成的研究成果，参见：https://www.ucl.ac.uk/news/2009/aug/how-long-does-it-take-form-habit。

［19］ 美国以及欧盟对烟草包装的要求，参见：https://www.fda.gov/tobacco-products/labeling-and-warning-statements-tobacco-products/cigarette-health-warnings、https://ec.europa.eu/health/tobacco/law/pictorial_en。

［20］ Noar SM et al.、"The impact of strengthening cigarette pack warnings: Systematic review of longitudinal observational studies," *Social Science & Medicine* (July, 2016) 该研究的电子版查看地址为：https://www.ncbi.nlm.nih.gov/pmc/articles/PMC5026824/。

［21］ Charles Duhigg, *The Power of Habit*, Random House, 2012.

［22］ Stewart Lee Allen、*The Devil's Cup: A History of the World According to Coffee*, Soho Press, 2018.

［23］ Walter Mischel, Ebbe B. Ebbesen, and Antonette Raskoff Zeiss, "Cognitive and Attentional Mechanisms in Delay of Gratification", *Journal of Personality and Social Psychology*, Volume 21, No. 2 (1972). 该研究论文电子版的查看地址为：http://psy2.ucsd.edu/~nchristenfeld/DoG_Readings_files/Class%203%20-%20Mischel%201972.pdf。

知名博主 James Clear 对棉花糖实验的描述：https://jamesclear.com/delayed-gratification。

［24］ 研究者对参与棉花糖实验的孩子们进行了近40年的跟踪研究，后续的研究成果参见：https://www.ncbi.nlm.nih.gov/pubmed/2658056、https://www.ncbi.nlm.nih.gov/pubmed/3367285、https://www.researchgate.net/publication/232585605_Predicting_Adolescent_Cognitive_and_Self-Regulatory_Competencies_From_Preschool_Delay_of_Gratification_Identifying_Diagnostic_Conditions.

［25］ Celeste Kidda, Holly Palmeria, Richard N. Aslina, "Rational snacking: Young children's decision-making on the marshmallow task is moderated by beliefs about environmental reliability." *Cognition* (January 2013). 这篇关于升级版的棉花糖实验内容和结果的论文网络链接为：https://www.ncbi.nlm.nih.gov/pmc/articles/PMC3730121/。

［26］ 不仅是优秀的运动员个人会展开这种思想训练，在2014年冬奥会中，很多国家都开始重视运动心理学给运动员带来的帮助。在加拿大代表团当中就有8位心理学家，挪威代表团带有3位。参见：http://www.nytimes.com/2014/02/23/sports/olympics/olympians-use-imagery-as-mental-training.html?_r=0。

［27］ Vincent Parnabas, Julinamary Parnabas, Antoniette Mary Parnabas, "The Influence of Mental Imagery Techniques on Sport Performance among Taekwondo Athletes." *European Academic Research*, Vol. II, Issue 11 (February 2015).该研究论文的电子版链接为：http://euacademic.org/UploadArticle/1396.pdf。

［28］ https://www.peaksports.com/sports-psychology-blog/sports-visualization-athletes/.

［29］ https://www.peaksports.com/sports-psychology-blog/sports-visualization-athletes/.

第三章

［1］ Stewart Friedman, *Leading the Life You Want*, Harvard Business Review Press, 2014.

［2］ 关于运动对身体反馈机制的影响，参见：https://www.psychologytoday.com/us/blog/the-compass-pleasure/201104/exercise-pleasure-and-the-brain。

［3］ https://www.health.harvard.edu/staying-healthy/exercise-and-aging-can-you-walk-away-from-father-time.

［4］ 同上。

［5］ Robinson MM, Dasari S, Konopka AR, Johnson ML, Manjunatha S, Esponda RR, Carter RE, Lanza IR, Nair KS. "Enhanced Protein Translation Underlies Improved Metabolic and Physical Adaptations to Different Exercise Training Modes in Young and Old Humans." *Cell Metabolism* (March, 2017). https://www.ncbi.nlm.nih.gov/pmc/articles/PMC5423095/。

［6］ https://www.npr.org/2012/02/19/147008041/the-new-running-game-where-zombies-chase-you.

［7］ Kirk I. Erickson, Michelle W. Voss, et al., "Exercise training increases size of hippocampus and improves memory", *PNAS*, (February, 2011)、该研究论文的电子版链接为：https://www.pnas.org/content/108/7/3017.full。

［8］ 这只是我个人的观察，关于"缺乏运动"与"记忆力差"是否具有高相关性还需要进一步的统计和分析。至于减少运动是否会造成记忆力下降并没有定论，但可以确定的是，压力和抑郁都会造成人的记忆力的衰退，而运动是减少压力和抑郁的有效手段。

［9］ Smits, Jasper A.J. et al., "The Efficacy of Vigorous-Intensity Exercise as an Aid to Smoking Cessation in Adults with High Anxiety Sensitivity: a Randomized Controlled Trial." *Psychosomatic Medicine*, Vol. 78, Issue 3 (April 2016). 得克萨斯大学奥斯汀分校对这项研究成果的报道，参见：https://news.utexas.edu/2016/02/24/exercise-helps-smokers-with-high-anxiety-sensitivity-quit/。更多运动对于戒烟的帮助，参见：https://harcourthealth.com/how-sport-can-help-you-quit-smoking/。

［10］ 参见格鲁夫的著作《只有偏执狂才能生存》的附录部分：Andrew S. Grove, *Only the Paranoid Survive: How to Exploit the Crisis Points That Challenge Every Company*, Crown Business, 1999。

［11］ https://www.sciencedaily.com/releases/2012/04/120402162546.htm。

［12］ 施奈德曼教授关于压力对健康的影响的研究，参见：https://www.ncbi.nlm.nih.gov/pmc/articles/PMC2568977/。

［13］ Sheldon Cohen, Denise Janicki-Deverts, William J. Doyle, Gregory E. Miller, Ellen Frank, Bruce S. Rabin, and Ronald B. Turner. "Chronic stress, glucocorticoid receptor resistance, inflammation, and disease risk." *PNAS* (April, 2012). 该研究论文的电子版链接为：https://www.pnas.org/content/pnas/109/16/5995.full.pdf。

［14］ 卡内基梅隆大学的研究，参见：https://www.sciencedaily.com/releases/2012/04/120402162546.htm。

［15］ https://hbr.org/2015/06/how-to-be-a-pro-vacation-manager-in-a-high-pressure-industry。

［16］ Jessica de Bloom, Sabine A. E. Geurts, Michiel A. J. Kompier, "Vacation (after-) effects on employee health and well-being, and the role of vacation activities, experiences and sleep", *Journal of Happiness Studies*, Volume 14, Issue 2 (April 2013). 该研究论文的电子版链接为：https://link.springer.com/article/10.1007/s10902-012-9345-3。

在该研究中，对参与者休假期间的调研是每4天进行一次，第8天测量的结果最高。但准确地说，峰值有可能是第8天前后3天之间的任何一天。我们也不能因此说8天左右是最理想的假期长度。因为研究中参与者的假期都在14天以上，在第8天他们预期后面几天仍是假期。如果我们刚好休假8天，那么很可能在第6天或者第7天幸福感就开始下降了。所以相对稳妥的结论是，最理想的假期应不短于8天。

［17］ Monster公司对人们彻底放松所需要最短休假天数的调研，参见：http://info.monster.co.uk/workers-take-almost-five-days-to-relax-on-holiday/article.aspx。

［18］ 奥运选手约翰·科伊尔的演讲"还有时间度过一个漫长的夏天吗（Is There Time for an Endless Summer）"，现场视频参见：https://www.chicagoideas.com/videos/is-there-time-for-an-endless-summer。

［19］ 比尔·盖茨在2018年的推荐书目，参见：https://time.com/5468986/bill-gates-best-books-2018/。

［20］ 扎克伯格所写的英文原文是：Books allow you to fully explore a topic and immerse yourself in a deeper way than most media today. 参见：https://www.facebook.com/zuck/posts/10101828640656261。

［21］ Classic Feynman, *Richard P. Feynman*, W.W.Norton & Company, 2006.

［22］ https://www.dailymail.co.uk/sciencetech/article-4055490/You-think-grown-18-brains-don-t-fully-mature-hit-30.html。

［23］ https://www.npr.org/sections/health-shots/2014/05/05/309006780/learning-a-new-skill-works-best-to-keep-your-brain-sharp.

［24］ 学习外语能帮助降低人们患老年疾病的风险，参见：https://abcnews.go.com/gma/livinglonger/story?id=1241571。

［25］ 扎克伯格要求自己每年学习一种新的技能，并且坚持阅读让自己了解世界不同地区的文化：https://www.entrepreneur.com/article/287395。

［26］ 大前研一：《OFF学》，陈柏诚译，北京：中信出版社，2010。

［27］ "TV Guide"所选出的有史以来最棒的电视剧榜单：https://www.tvguide.com/news/tv-guide-magazine-60-best-series-1074962/.

［28］ 布拉德·伊萨克在接受"Life Hacker"的采访时提到他从杰瑞·宋飞那里学到的宋飞方法，参见：https://lifehacker.com/jerry-seinfelds-productivity-secret-281626。

第四章

［1］ 《牛津英语词典》对intellectual的解释，参见：https://www.oxfordlearnersdictionaries.com/definition/american_english/intellectual_1。

［2］ 约翰·戈特曼对婚姻关系中"末日四骑士"的描述，参见：约翰·戈特曼，娜恩·希尔弗：《幸福的婚姻》，刘小敏译，杭州：浙江人民出版社，2014。

［3］ 心理学家Arthur Aron的研究显示，陌生男女通过互相提问（一组设定好的36个问题）能帮助两人产生感情。具体参见《纽约时报》的报道：https://www.nytimes.com/2015/01/11/fashion/no-37-big-wedding-or-small.html。

［4］ 关于男女性别差异，以及语言习惯的差异，参见：Elizabeth Mapstone, *War of Words, Women and Men Arguing*, Chatto & Windu, 1998。

［5］ 丹佛大学的研究显示，情侣之间，如果投入时间去尝试令人开心的活动，情感关系持续得更久，参见：https://lifehacker.com/what-research-tells-us-about-the-most-successful-relati-1552386916。

［6］ 研究表明，过多饮用纯果汁会增加患糖尿病的风险，尽管吃水果（蓝莓、葡萄、苹果等）能降低患糖尿病的风险。研究者推测，可能是因为纯果汁中高浓度的糖分所带来的影响，橙汁尤其明显。因此笔者很久之前就戒掉了饮用纯果汁的习惯，混合蔬果汁可能是更健康的选择。关于果汁与糖尿病风险的相关研究和报道参见：https://www.independent.co.uk/life-style/health-and-families/healthnews/eating-fruit-significantly-cuts-diabetes-risk-but-drinking-juice-increases-it-says-study-8791472.html、https://www.dailymail.co.uk/news/article-1038079/Just-ONE-glass-orange-juice-day-make-obese-AND-increase-risk-diabetes-says-research.html。

［7］ 稻盛和夫：《活法》，曹岫云译，北京：东方出版社，2012。

［8］ 这里的your partner指的是你的对话伙伴，所以翻译成"我"，也就是指提问者。

第五章

［1］ Andrew Carnegie, *Autobiography of Andrew Carnegie*, Houghton Mifflin Company, 1920.

［2］ 企业注册的认缴与实缴的规定，2014年《公司法》第26条："有限责任公司的注册资本为在公司登记机关登记的全体股东认缴的出资额。法律、行政法规以及国务院决定对有限责任公司注册资本实缴、注册资本最低限额另有规定的，从其规定。"

［3］ 奚恺元：《别做正常的傻瓜》，北京：机械工业出版社，2007。

［4］ 如果忽略税收因素，这个案例中的企业其实亏损了。案例里面提到，如果不是自己的物业，需要付场地租金就会亏损。说明经营利润没有租金高。那么企业应该停止经营，直接将场地出租，所获得的收入将比目前要高。

［5］ Daniel Kahneman, *Thinking, Fast and Slow*, Farrar, Straus and Giroux, 2011.

第六章

［1］ 关于影响夫妻或者恋人情感状况的因素，可以参见以下书籍：约翰·戈特曼，娜恩·希尔弗：《幸福的婚姻》，刘小敏译，杭州：浙江人民出版社，2014。盖瑞·查普曼：《爱的五种语言》，王云良译，北京：中国轻工业出版社，2006。

［2］ 本书中手机使用时间的示例图来自苹果手机。苹果在iOS 12版本的操作系统中，加入了屏幕时间的统计功能，统计用户在iOS设备上使用的时间。为了帮助用户控制花在设备上的时间，还设计了停用时间和限定使用的功能，帮助用户控制对手机的使用。

［3］ 关于通过公开戒烟的决定，并且请朋友们监督的方法，有一位医生采用，并分享了自己的经历，参见新华网的报道：http://www.xinhuanet.com/politics/2017-05/31/c_129621759.htm。

［4］ 关于深度睡眠与睡眠周期的更多研究，参见：http://www.gestaltreality.com/2014/04/03/superchargeyour-health-by-sleeping-less/。

［5］ 我们可以图片搜索"sleep stage and EEG"看到很多睡眠阶段脑电图的例子，比如下面这个例子：https://www.researchgate.net/figure/Sleep-stages-and-cycles-a-EEG-wave-form-during-wakefulness-with-eyes-open-and-closed_fig9_278654975。人们各个睡眠周期的时长有很明显的差异，并不都是90分钟左右。

［6］ Matthew Walker, *Why We Sleep*, Penguin Books, 2017.

［7］ 同上。

［8］ GQ杂志描写科比的封面专题文章，参见：https://www.gq.com/story/kobe-bryant-gq-in-it-to-win-it-2010。

［9］ 霍普金斯大学Patrick Finan博士提到睡眠缺乏所带来的健康风险，参见：https://www.hopkinsmedicine.org/health/wellness-and-prevention/the-effects-of-sleep-deprivation。
此外，还有众多关于睡眠缺乏与抑郁症相关性的研究，比如：Mohammed A. Al-Abri, "Sleep Deprivation and Depression", Sultan Qaboos Univ Medical Journal (Feburary. 2015)。

［10］ 来自德国海德堡大学（University of Heidelberg）以及美国的国立卫生研究院（National Institute of Child Health and Human Development）的研究发现，大脑里负责记忆的神经元细胞间的连接在睡眠的过程中会得到强化，参见：https://www.sciencenewsforstudents.org/article/learning-rewires-brain。

第七章

［1］ 桑德伯格于2013年出版了《向前一步》（*Lean In*），分享了自己作为女性职业成长的经历和心路历程，鼓励女性在职业上具备更多的尊重、自信与领导能力。并且在2017年出版了另一本书 *Option B*，介绍自己如何面对逆境。沃顿商学院的教授弗里德曼在其著作中分析了桑德伯格在工作之外寻找到更深刻的人生目标，以及平衡自己工作与生活的方法，参见：Stewart Friedman, *Leading the Life You Want*, Harvard Business Review Press, 2014。

结束语

［1］ 屠呦呦是第一位以中国国籍身份获得诺贝尔科学类奖项的科学家，于2015年获得诺贝尔生理学或医学奖（The Nobel Prize in Physiology or Medicine）。